# 从业务骨干到管理精英

## 高价值经理人的五大必备技能

王法＿＿＿ 著

# From Key Professional
# to Management Elite

## Five Essential Skills
## for High Value Managers

知识产权出版社

全国百佳图书出版单位

—北 京—

图书在版编目（CIP）数据

从业务骨干到管理精英：高价值经理人的五大必备技能 / 王法著 . —北京：知识产权出版社，2023.9 （2025.1 重印）
ISBN 978-7-5130-8872-5

Ⅰ . ①从… Ⅱ . ①王… Ⅲ . ①企业管理 Ⅳ . ① F272

中国国家版本馆 CIP 数据核字（2023）第 157253 号

**内容提要**

本书系统介绍了高价值经理人的五项必备技能，包括从个人贡献者到团队管理者的角色转换、绩效管理的循环、有效授权下属、团队激励和个人激励、运用教练心态辅导下属提升能力，结合美国管理协会的系统管理课程体系以及作者二十年的管理经验，通过大量案例，帮助读者了解如何成为一名高价值经理人，带领团队取得出色的业绩。可供提升时间不长、处在个人贡献者向管理者转型期的人员阅读，也可供各层级管理人员阅读。

| | |
|---|---|
| 责任编辑：刘亚军 | 责任校对：谷 洋 |
| 封面设计：宋乐乐 | 责任印制：刘译文 |

**从业务骨干到管理精英：高价值经理人的五大必备技能**
王 法 著

| | |
|---|---|
| 出版发行：知识产权出版社有限责任公司 | 网　　址：http://www.ipph.cn |
| 社　　址：北京市海淀区气象路 50 号院 | 邮　　编：100081 |
| 责编电话：010 – 82000860 转 8342 | 责编邮箱：caihong@cnipr.com |
| 发行电话：010 – 82000860 转 8101/8102 | 发行传真：010 – 82000893/82005070/82000270 |
| 印　　刷：三河市国英印务有限公司 | 经　　销：新华书店、各大网上书店及相关专业书店 |
| 开　　本：710mm × 1000mm　1/16 | 印　　张：13 |
| 版　　次：2023 年 9 月第 1 版 | 印　　次：2025 年 1 月第 2 次印刷 |
| 字　　数：205 千字 | 定　　价：78.00 元 |

ISBN 978-7-5130-8872-5

# 序

　　祝贺王法老师的第三本新书正式出版，这也是我至今为止看到的对于管理者来说最易懂且实用的一本工作指导手册。回想十多年前，我当时从产品经理被提升为市场经理，虽说工资不高，但薪水直接涨了50%，还是感觉被极大地认可了，特别兴奋和开心。我曾以为市场经理的工作就是给不同的下属分配好工作内容，然后督促他们按时完成，并没有想得特别复杂。然而，这种兴奋和开心仅仅持续了短短两周，我就开始后悔了：每个团队成员的工作目标都需要和他们一一制定；每一项交付的报告都需要审阅和批准；还需要解决一些突发的情况，如个别项目失误后的补救等。现实很骨感——工作量成倍上升，加班更是家常便饭。

　　记得在一个冬天的晚上，天下着雪，时针已经过了零点，我还在公司加班，因为第二天要上会市场分析报告。我突然接到了母亲的电话，她抱着我女儿已经等在了公司门口。孩子晚上一直哭闹不肯睡觉，我母亲心慌得不知道该怎么办，担心着是不是需要送医院检查一下？我当时心态瞬间就崩了……早知道当经理这么辛苦，我就应该老老实实地做一个技术型的个人贡献者。我相信每一位新经理都有过类似的感受，都会碰到被现实打懵、受挫、压力陡增而不知道该如何解决的时刻。正因为我们在对作为一名管理者到底应该做什么、怎么做还全然不知的时候被推上了管理者的岗位，我们才倍感焦虑，甚至怀疑自己的胜任力……如果我的经理当年可以告诉我，或者我可以早一点儿读到这本书，更早一些明白管理者的角色和主要职责，也许当时就不会那么慌乱和有挫败感了。作为一名新经理，带领团队完成工作目标是本分，除此之外，还应把自己的时间和精力放在建设团队和培养下属的能力上。人才是第一生产力，所有与人相关的事，都是管理者最值得花时间去持续关注的事。

　　在本书中，王法老师讲到了管理者和个人贡献者的不同，新经理该如何进行角色转换，也讲到了管理者如何进行绩效管理与评估，还有时间管理、辅导、授权与激励等内容，全面覆盖了管理者所需的胜任力维度，同时提供了生动的案例和实操性很强的工具，每次阅读都会有不同的收获和感悟。坦白地说，即使我担任管理者的时间已经超过了十六年，依然认为每一位管理者永远都有继续进步的空间。

个人的力量有限，而团队的力量可以无敌。成为一名赢得人心的管理者，打造一支卓越的团队，绝非一蹴而就。通过持续地练习、反思，再练习、再反思，有勇气去打破自己固有的认知闭环，才能逐步去提高和精进。针对团队的不同成员，没有一成不变的管理秘籍或者技巧。因此，本书一直强调一切管理的核心基础是信任，是真诚。我也常常和我的团队成员讲，如果一定要分一个孰重孰轻的话，那么诚实、正直、值得信赖一定是管理者的心法，而所有的管理工具和技巧都是招式，是锦上添花。优秀的领导者无一例外都是心法和招式内外双修的高手，赢得人心从而激发卓越。

真心地希望本书可以帮助处于不同阶段的管理者厘清思路，明确管理的方向和目标，成为人人都愿意追随的领导者。

党焱

Haleon（赫力昂）大中华区医学事务负责人、高级总监

# 前　言

　　亲爱的朋友，当你有兴趣翻开这本书的时候，首先我要祝贺你：经过一段时间的工作后，作为一名业务骨干，你的能力得到了公司及领导的认可，升职成为一名管理者。也许你现在的职位还没有提升，但是你对管理有着浓厚的兴趣，希望自己能够在管理的道路上取得进步。大多数人的职业生涯都是从个人贡献者开始的。首先要做好自己的本职工作，在工作中提升专业技能。接下来会出现两个发展方向，一个是在专业技能方面继续提升，发展方向是成为技术专家；另一个是管理能力方面的提升，最终成为一名管理者，带领团队完成工作任务。总之，只要是符合我们的能力模型以及个人兴趣的发展方向，对我们来说都是很好的成长方向。

　　在成为管理者之后，你会发现管理者与个人贡献者的工作方式有很大的区别。因为这是每一位管理者都必经的能力及认知的重构过程。我给大家分享一下我的个人经历，在20年前，我刚刚成为一名管理者，一周之内就遇到了三个挑战，这让我从被提升的喜悦中清醒了过来，并开始迎接这些挑战。

　　第一个挑战：我记得很清楚那天是周一，我开心地去新办公室上班，刚和团队的同事互相认识之后，就有一位负责重要市场的同事要和我单独聊聊。我还很开心地准备和她探讨工作问题，结果她说要离职，去我们竞争对手的公司，而且去意已决。这给了我第一记闷棍，让我深刻地认识到人员储备很重要，招聘是管理者永远的任务。

　　第二个挑战：工作没几天，在和一位女下属沟通工作的时候，因为有一些工作开展得不是很顺利，加之在沟通过程中我的言语有些严厉，结果她突然崩溃，在我面前痛哭流涕地说她在团队中被孤立了，并且遭受了很多不公正的待遇，因此感到非常委屈。我以前绝对没有想过会经历这种场景，做管理还要处理女孩子的情绪问题。这又给了我一记闷棍。后来，我了解到我的前任经理为了激励她，经常当着团队所有人的面表扬她，这位同事可能自己也表现出了一些自负，结果团队内部都不理她，将她孤立起来，所以她的感受非常差，内心也很痛苦。通过这件事，我认识到了带领团队似乎没那么简单，即使表扬下属也要考虑多个因素，团队中每个人的感受和思想工作都至关重要。

第三个挑战：周五下午第一次开周会的时候，以往都是我听领导讲，而那天大家坐定之后都把目光投向了我。我当时懵了一下，但立刻回过神来，意识到我要组织整个会议，还好我做了一些准备。会议顺利结束后，我感觉到要想有效地组织会议，必须认真准备，而不能像我以往认为的那么随意。

当然，这只是众多挑战中的三个。它们是否激发了你的一些思考，让你想到了自己将面临的一些挑战？我想告诉大家，在提升管理能力的过程中，大部分管理者遇到了许多类似的问题，这也是我写这本书的原因。因为我发现大部分管理者有着丰富的管理经验，如果能借助有用的工具和方法加以总结和反思，就会在管理的道路上快速成长。

通过对本书的学习，大家可以在短时间内了解并掌握管理者需要具备的知识和方法，从而进行一次彻底的能力重构，带领团队完成工作任务。

这本书将从以下五个模块展开：

**一、管理角色的转换。**帮助大家顺利地从个人贡献者转换为管理者。

**二、优化绩效的管理。**帮助大家了解绩效管理的循环过程，即从年初的目标设定到年底的绩效评估谈话，如何获取高绩效的管理技巧。

**三、鼓舞人心的激励。**如何让团队和个人都处在被激励的状态，进而充满激情地展开工作。

**四、共赢成长的授权。**从自己干到大家一起干，为什么要授权？如何授权？授权做得好，既能提升效率还能培养下属的能力。

**五、迈向卓越的辅导。**如何通过辅导使下属成长？通过提出高质量的问题让下属自己思考，提出解决方案，而不是管理者说个没完，其实下属早已失去耐心。

以上内容是我通过每年100多天教授管理课程，结合理论知识、实践经验以及大量学员在培训中带给我的启发萃取而成。通俗易懂的内容让大家更容易了解相应的工具和方法，期望能给大家在管理的道路上带来价值，使大家成为高价值的经理人。

让我们一起开始管理之路上的能力提升吧！

# 目　录

# 第一章
# 从个人贡献者到赢得人心的团队管理者

在成为管理者之后，首先要做的是完成角色转换。毕竟管理者的思维方式和个人贡献者有着本质的不同。我们可以发现在个人贡献者的岗位上非常出色的员工，成为管理者之后却有着截然不同的表现。其中不乏一些人在管理的岗位上始终找不到感觉，将团队带得一塌糊涂，令团队成员怨声载道、士气低落，更不要提业绩提升了。在我身边就有一些在管理岗位上不成功的例子，有人心态好，还可以再回到个人贡献者的岗位继续工作；可是有些心态不好的人，不能接受自己曾经"当过官"现在又要回基层干个人贡献者岗位的工作，最终处于高不成、低不就的状态，非常尴尬。造成这一结果的主要原因是这些人没有做好角色的转换。一旦角色转换成功，他们就会赢得团队成员的支持，进而带领团队创出高绩效。本章会围绕着角色转换以及如何赢得人心展开介绍，帮助新晋的管理者顺利地完成角色转换，同时赢得下属的"芳心"。

本章由六个单元构成。

第一单元是帮助大家了解团队管理者和个人贡献者具体有哪些不同、开展工作的思路有哪些区别。

第二单元是分析团队管理者的三大职责，分别是完成任务、建设团队以及发展下属，告诉大家三大职责之间有哪些联系、如何做才能在三大职责中都取得好的结果。

第三单元是关于管理的基础——建立信任。我们都听过一个词叫作"画大饼"？面对一个你非常信任的领导，你会觉得他是在给你画大饼吗？显然不会。我们该如何做才能让自己的下属不会觉得是在给他画大饼呢？

第四单元是关于如何赢得人心。好的领导不但要取得好的业绩，更重要的是通过赢得下属的心来取得长期的出色业绩。如何赢得下属的"芳心"，让下属愿意追随？这就需要对管理的XY理论以及超Y理论，个人影响力与职位影响力的灵活运用。

第五单元是关于"90"后与"00"后的管理。随着这批新新人类进入职场，很多管理者会感觉这些新新人类"不好管"。如何更深入地了解他们，做到"与时俱进"是管理者要面临的问题。这需要管理者改变管理思路和策略。

第六单元是关于时间的管理。成为管理者之后经常会感觉时间不够用，在这一单元我们会一起学习经理人时间管理五步法以及高效人士的时间分配，以帮助我们从容不迫地展开工作。

成为管理者在我们的职业生涯中具有里程碑的意义，完成角色转换与赢得人心是第一步。希望这一章的内容能够帮助大家走好这重要的第一步。

# 第一单元
## 团队管理者和个人贡献者的区别

关于团队管理者和个人贡献者的区别，我给大家引用一个比喻来说明。

请伸出一只手，这只手相当于你和你的团队。我们可以把手掌比喻成自己，也就是团队管理者，五个手指相当于你的团队成员。现在需要完成一个任务，即把桌子上的一支笔拿起来。如果只通过团队管理者，也就是手掌，能够拿起这支笔吗？大家可以试一试，也许有的人用手掌可以把这只笔粘起来，但是不是非常容易掉下来？如何才能完成这个任务呢？如果我们借助手指，就可以轻松地拿起这支笔，而且肯定掉不下来。这个比喻给大家带来了哪些启发？这个比喻告诉我们，要想完成一项任务，必须通过团队成员的团结协作，而不是只靠管理者亲历亲为。

因此，大家首先要记住的一点就是：在成为管理者之后，你要负责带领一群人去完成任务，而不是只靠自己干。

五根手指有长有短，代表着下属的能力有高有低。正常情况下，我们的手指都会听从我们的指挥，而我们的下属可不一定都会听从我们的指挥。要想完成从员工到管理者的角色转变，我们要做到以下五点。

### 一、从"我"到"我们"

个人贡献者只需要做好自己的工作，自己可以控制任务的完成情况，但是成为管理者之后，"我"变成了"我们"。你再也不是"一个人吃饱，全家不饿"，而是要带领一群人一起完成任务，每个人的任务都完成了，你的任务才算完成了。

## 二、从"我的利益"到"公司利益"

在作为个人贡献者的时候，我们考虑更多的是自己的利益。而成为团队管理者之后，不管你愿不愿意，你的思维高度都要向上提升，思考的层次更倾向于在团队层面及公司层面。这种思维高度的提升决定了你的发展空间，有些人只做到一线管理者（直接汇报对象是个人贡献者），可有些管理者会从一线管理者一直向上发展，做到大区经理、部门总监，甚至有些人可以一直升到总经理层面。决定发展方向的基本因素就是一个人的思维高度。因此，思维处于哪个层面非常重要。

我在培训的时候会经常和大家说：思维高度当然是越高越好，但一定要注意层级问题。我们每个人不一定都要想到总经理级别的问题，但是最起码我们的领导、我们领导的领导在思考什么是我们应该想到的。也就是说，要能够思考到我们所在职位的N+2级别。总经理在思考的问题，我们当然也可以思考，但是要控制好时间比例。

关于这一点，我给大家分享一个印象深刻的例子。那时，我刚加入公司，有一次做业务汇报的时候，我只把我负责的市场份额、客户情况以及下一步计划做了汇报。而在我后面做汇报的一位同事比我早加入公司半年，他在做业务汇报之前先呈现了一组数据，是关于我方公司以及竞争对手公司的产品在我们城市所占市场份额的数据。他的思考层面完全是在一个地区经理层面，在呈现了这些数据之后，他才开始汇报他负责市场的具体情况，并且结合整个城市的数据进行对比，从中得出了一些重要数据，形成了自己独有的市场策略及行动方案。

我听完后简直是醍醐灌顶，我怎么没想到？顿时觉得自己的思维层次好低，这一场景到现在还经常出现在我的脑海中。我再次提醒大家，一定要时刻关注自己的思维层面，从"我"的利益上升到公司利益。

现在请大家思考一个问题，我在做经理培训的时候问过许多一线经理这个问题，能够准确回答出来的人数比例不超过30%，看看你是否可以准确地回答：

你了解你的直线领导今年的考核指标以及他今年最重要的三件事情吗？

如果你非常了解，那么祝贺你，说明你的思考层次是比较高的，现在的你可以更好地进行方向把控以及向上沟通合作。如果你不是很清楚或者压根不知道，提醒你从现在开始必须注意与上一层级的沟通以及多站在这个层次进行一些思考。

再次提醒大家，思考层次对每一个人的职业发展至关重要。

## 三、从个人成功到团队成功

作为个人贡献者，自己成功就可以了；可是现在作为管理者，你要带领团队一起成功才是真本事。《德鲁克论领导力》[1]一书中说："20世纪，管理所做出的最重要贡献，就是把体力劳动者的生产率提高了50倍；21世纪，管理需要做出的最重要贡献，就是使知识型员工的生产率也提高50倍。"我们现在带领的团队基本是知识型员工，因此如何让团队成功，实现效率的提升，成为现代管理者面临的又一挑战。

## 四、从对自己负责到对每一位团队成员负责

我在讲课的时候经常会问一些管理者，你们的团队中有应届大学毕业生吗？很多人都回答有。我接着会说："我举一个可能不是很恰当的例子，对于这些刚进入社会的应届大学毕业生来说，你们可是他们的再生父母啊。"大家会立刻惊讶地说："啊，有那么夸张吗？"你想一下，这些学生毕业后跟的第一个领导就是你，他会看你怎么待人接物、做事情是否坚持原则、遇到困难的时候是勇于担当还是甩锅给别人、工作态度是积极向上还是消极抱怨，这些还不够重要吗？它们一定会影响这些刚步入职场的大学毕业生在今后工作中的待人接物及处事态度。

其实不只对应届大学毕业生，对其他的下属也是一样的。团队中的每个人都在看着你怎么做事情，因此管理者肩负的责任确实重大，因为你不仅要对每一位同事负责，还要对自己的领导负责、对公司负责。

## 五、从跟随者到领导者

在前言部分提到过我第一次开周会的时候，以往都是听领导讲话，但是自

[1] 威廉·A.·科恩. 德鲁克论领导力[M]. 黄京霞，吴振阳，等译. 北京：机械工业出版社，2011.

己成为管理者之后，我开始主持会议，我当时甚至有一点懵，但立刻调整进入主持会议的状态。就在那一刻，我深深地体会到了要想从跟随者转换到领导者，必须及时调整自己的状态。

总结一下：这种角色转换要从单纯地执行转换到计划、组织、领导与控制。作为管理者，我们要能够制订计划、分配资源；要能够把团队成员以及跨部门同事组织到一起，安排工作和授权，让大家清楚做什么、何时做、如何做；要能够发挥自己的领导才能，带领大家一起努力，及时解决工作中的各种状况；还要能够控制工作的方向和进度，进行绩效考核。

## 六、成为管理者之后不再有权利干的几件事

除了以上几个要点，我从另一个角度来呈现这两者的区别，那就是成为管理者之后不再有权利干的几件事。

你在升职之后会收到很多人的祝贺，你自己的感觉也很好，认为自己终于得到了认可，这就是传说中的升官了吧？我现在要给大家泼泼冷水了，有一个事实是难以接受的，就是在得到新的头衔后，你失去的权利比得到的更多。我们看起来在升职之后似乎是多了一些权力，但是要想成为一名合格且出色的管理者，就会失去如下这些权利。

**第一，发脾气的权利。**

情绪的控制对于一个管理者来说至关重要，我们可以观察到凡是出色的管理者，情绪往往是很稳定的。因此，情绪管理是我们成为管理者之后必须要关注的一件事情。在作为个人贡献者的时候，有一些情绪可能会不加控制地发泄了出来，但成为管理者之后就要特别注意了。因为每一次情绪的宣泄都有可能给下属带来很多心理伤害，而且对于领导力的提升非常不利。

**第二，想说什么就说什么的权利。**

成为管理者之后，我们说的每一句话都要先经过大脑思考，而不是不加思索，想说什么就说什么。比如一些绝对性的语言、偏激的观点，说之前一定先过一下大脑，思考一下这些语言对于自己领导力的提升是否有帮助、会不会带来一些负面的影响。

**第三，推诿的权利。**

成为管理者之后，首先要做到的是勇于担当。不论在工作中出现何种疏漏、错误，一名优秀的管理者一定要敢于把这些责任担当下来，而不是推诿给下属。

我记得有这样一个例子。我认识一位非常有名的资深顾问，他和我分享过他在一家公司做总经理的时候遇到的挑战。他每次向董事会做汇报的时候，总会有董事会成员挑战他，甚至是批评他，有时候语气非常不客气。在这种情况下，他一般会把所有的责任都承担下来，绝对不会推卸责任。回到工作岗位之后，他会把相应的相关负责人员叫过来，再对他进行批评或是和他探讨沟通。他说了一句话让我印象非常深刻，他说："只要向我直接汇报的这位管理人员敢说这不是他的责任，是他下面某某人的责任，我一定会直接把他开掉。"因为这样的推诿行为在我这里是绝对不能存在的。他可以回去批评他的下属，但是在我这里这个责任就是他的，就像我在董事会面前要承担所有责任一样，这就是担当。这个例子给我留下了非常深刻的印象，它告诉我成为管理者之后，首先要具备的是敢于担当、不推诿的精神。

关于这一点，我相信大家在职场中都深有体会。我们身边有一些人是敢于担当的，也有一些人善于甩锅。我相信我们都愿意和敢于担当的人合作，因为敢于担当是领导力非常强的一种行为表现。

**第四，选择偏爱的权利。**

这一点包括人和事两个方面。正常情况下，我们喜欢和自己偏爱的人打交道，和那些与自己性格合不来的人打不打交道其实无所谓。成为管理者后，下属中必然有些人的性格是让你喜欢的，有些人的性格是让你不喜欢的。可事实证明，能力强的人往往是个性比较突出的，他可能会让你感觉不舒服。管理者要随时都能够调动起团队中所有人的积极性，要对大家一视同仁，而不是区别对待。

做事情当然也一样，有些事情你喜欢做，有些事情你不喜欢做，但成为管理者之后，无论是否喜欢某件事都要去做，比如看报表、填表格、开各种会议；或者是看书学习。看书学习，提升自己是一名管理者必须做的事。因为要想提升自己的管理能力以及个人综合能力，就必须多看书多学习，实现自己从理论到实践的全面提升。

**第五，享受自由生活的权利。**

以前有的时候还可以偷懒，多睡一会儿懒觉，但成为管理者之后，你将失去这一特权，因为此时的你面对的所有事情都是提前安排好的，你绝对不可以迟到或回避，毕竟每一次迟到或回避都会影响你在下属心目中的可信度。

总之，这些看起来似乎很平常的权利，对于一名优秀的管理者来讲却是可望不可即的。正是因为放弃了这些权利，我们才取得了全方位的进步。要想成为优秀的管理者，就要在这些细节方面严格要求自己，这样才可以让我们在管理的道路上越走越好、越走越远，也会让我们受益终生。

由以上几点可以看到，从员工到管理者的转换是不容易的，要从思想上、行为上通过不断地学习、演练以及反思来提高。这种转变是我们成为一名管理者的必经过程。希望大家通过对以上内容的学习，可以加速这个转换过程，更快地成为一名合格的管理者。

# 第二单元
# 管理者的三大职责

所有的管理者都必须了解而且要做好的三件事，我把它们称为管理者的三大职责，分别是完成任务、建设团队以及发展下属（图1-1）。

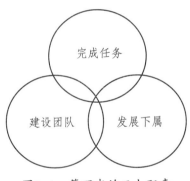

图1-1　管理者的三大职责

我先给大家明确几个概念，就是我们常说的一线经理、二线经理以及三线经理。刚被提升的团队管理者，其叫法在不同的公司可能不一样，有的公司叫地区经理，有的公司叫主管，在这里，我们可以统称为一线经理，即直接带领个人贡献者的管理者。二线经理，即大区经理，其直接管理的对象是一线经理。三线经理，即部门总监，其直接管理的对象是二线经理；依次类推。

有些公司也有可能将二线经理命名为部门总监。为了避免混淆，我们还是用一线经理、二线经理以及三线经理来进行说明。

明确了这个概念之后，我们再分析这三大职责。无论你是几线经理，都必须恪守这三大职责，只是不同级别的管理者做的具体事情以及时间分配有所不同而已。现在重点介绍的是一线经理的具体工作内容，以此来帮助大家厘清思路，了解一线经理具体要做哪些事情，如何分配时间和精力。

## 一、完成任务

管理者的第一个职责：完成任务。

不同的业务板块，会有不同的业务内容。所谓的完成任务，在不同公司、不同部门对管理的具体要求是不一样的。下面以制药公司的销售经理为例，来帮助大家了解"完成任务"的具体内容。

**首先是制订业务计划。**

制订业务计划是销售人员必须具备的一项基本能力。尤其是你成为管理者之后，手里掌握的资源也在增加，因此业务计划的制订就更加重要。要想制订出有效的业务计划，就要做好分析工作，包括分析客户、分析市场、分析竞争对手、分析自己的团队。

在分析的基础上制订计划，包括制定符合SMART原则的目标策略、战术，从而匹配资源以形成相应的行动方案，然后去执行。在执行的过程中，我们需要不断地沟通、监控和调整。它是一个不断重复的过程。

非销售管理者的业务计划也是由设定目标、形成策略、监督执行等环节构成的。

**其次是对下属的绩效管理。**

要想顺利高效地完成团队任务，我们必须把任务用绩效的方式分配给每一位下属。这就要求我们提前规划绩效，在年初的时候就给下属做绩效目标设定；在日常工作中随时随地观察反馈、激励认可，进行绩效辅导；到年底的时候还可以评估绩效，进行绩效评估面谈。关于绩效管理，在"优化绩效的管理"一章来展开具体介绍。

**最后是关于管理者自身直接的业务活动。**

这些活动包括区域层面的各种销售活动。管理者要统筹安排，分配职责，与市场部的同事确定活动主题等相关事宜。同时，我们自己要去维护一些重要的客户，因为这些重要客户能够帮助我们确定产品的推广方向。另外，有许多与重要客户合作的项目需要我们亲自洽谈。这些都是需要管理者亲历亲为的业务活动。这是每一位管理者，无论身处哪个行业、公司以及业务单元，在完成任务方面都一定要做的具体工作。

## 二、建设团队

管理者的第二个职责：建设团队。

建设团队由四项具体工作组成。

**第一项是有效招聘。**

请大家记住：成为管理者之后，招聘成了永远的任务。随着团队的发展变化，招聘将始终伴随着你的工作。你也许会问，我的团队挺好啊，大家的工作状态都很好，也没有空岗，为什么要招聘？我要告诉你的是，我们需要优秀人才的储备。也许就目前情况来看，我们的团队成员比较稳定，但谁也不知道未来会发生什么。还记得前言里讲的我的经历吗？我刚接手团队时就有人要离职，当时真的是措手不及，这情况对于新提升的经理就像是当头棒喝，自己还没来得及从升职的高兴中回过神来，就被来一记闷棍，这种情况屡见不鲜，而招聘是一个需要时间的过程，如果我们能提前做好储备的话，就可以缩短空岗的时间。也有人会问，招聘不是人力资源部门的事情吗？我想告诉你的是，是你要用人，所以务必把招聘的第一责任人列为自己，否则后续情况会很麻烦。

我在做一线经理的时候特别注意这一点，如果在市场拜访客户的时候看到不错的销售代表，我就会主动和他聊一聊，建立关系。有一次，我们的竞争对手招聘了一位销售代表，抢走了我们不少的市场份额。一次偶然的机会，我遇到了这位销售代表，很想认识一下。在表明了想法之后，我们很愉快地攀谈起来。尽管没有成为同事，但是后来我们成了很好的朋友。工作时间久了，大家会发现在招聘的时候，朋友间的相互推荐会帮助我们更快地找到合适的人选，这比招聘网站或者人力资源招聘更加快速有效。

**第二项是设定团队目标。**

管理者要设定团队目标，包括业务目标和团队发展目标。围绕这些目标还要有相应的团队文化、精神和价值观，比如承诺、成长、分享等。在这些团队文化、精神和价值观的助力下完成团队目标，会达到事半功倍的效果。

值得大家注意的是：团队一定要有团队文化，大家可以通过共创的方法去讨论研究，并且在日常的工作中去践行。只有这样，才能增强团队的凝聚力。关于团队文化共创以及价值观等内容，在"鼓舞人心的激励"章节中会给大家具体介绍。

**第三项是了解团队成员的特点和需求。**

每一位团队成员的个人发展需求都是不一样的。有的人很清楚将来要向哪个方向发展，比如管理岗位、市场部等，这时就需要管理者帮助他判断方向是否正确，他的能力是否匹配，是否需要做出修正。还有一些人不清楚自己的发展方向，管理者也要帮助他们确定发展方向。另外，要关注团队成员的各种需求，个人发展需求只是其中的一个，还包括情感需求、社交需求、被认可被尊重的需求等。这些是保证员工被激励的重要前提，管理者要了解并保持关注。关于激励员工的内容，本书会在后面的相关章节专门展开介绍。

**第四项是确保个人特点发挥、个人需求满足和团队目标实现之间的协调。**

整个团队在保持大方向一致的同时，要确保团队成员的多元化，使大家能够各施所长。团队目标的实现需要各项能力的集合，在总体目标的基础上充分发挥每个人的特点，实现团队与成员之间有效的协调发展。

以上是关于建设团队要做的工作，要想建设好的团队，上述四项工作缺一不可。

## 三、发展下属

管理者的第三个职责：发展下属。

团队由管理者和下属组成，因此发展下属是管理者必须重视的一项工作。因为身处职场中的每个人都非常关心自己的成长，包括我们自己。我们常听到下属说很多关于对领导的评价，凡是得到较高评价的领导，一定是非常关心下属成长的。发展下属的重要性对于一位出色的管理者来说是不言而喻的。

如果只用一个词来描述发展下属的话，我认为是辅导。辅导对于管理者来说也是一项必备的能力。如何用辅导的方式来发展下属呢？

我们要做辅导规划，先是了解和分析下属的能力情况，接下来设定发展目标，最后制订辅导计划。

在针对每一位下属制订了辅导计划之后，就可以开始实施辅导了。我们采用一对一的方法进行辅导，辅导的主要目的更多的是一种心态的转变。如何做到多问少说，通过提出高质量的问题让下属明确自我认知和产生责任感呢？关于辅导，有一套完整的工具和方法论，具体技巧在本书后面的章节会进行详细说明，这里首先明确辅导对于发展下属的重要性。

除了辅导，还有一个发展下属的方法是利用机会进行分享讨论和演练，这也是我管理团队的时候经常使用的一种方式。具体操作是管理者首先提出一个知识点或一项技能，给大家提供十分钟到半小时的准备时间，随后组织大家一起讨论。在这一过程中，不论是分享者还是参与讨论的其他成员，都会有很大收获。

我们还可以根据每一位下属的发展目标为他寻求培训和学习资源。大家千万不要认为必须参加培训才是培训资源，你推荐的一本书、帮助他寻求一位跨部门领导成为他的导师、让导师与这位下属定期沟通等方式都是很好的培训资源。

关于寻求导师，我有两点建议。

第一点建议是匹配合适的导师。这就要求我们对于下属非常了解，知道他的发展方向和目标、优势和劣势；同时要求我们必须加强公司内部向上以及平级的沟通，清楚地了解跨部门领导的工作经历、性格特点等，帮助下属匹配合适的导师。大家也许会有顾虑，这样的方法会不会让其他部门的领导感觉不好？会不会对自己有看法？我想告诉大家的是：任何领导都是愿意提供帮助的，因为这也是他们自身价值的一种体现，而且这对于我们加强跨部门之间的沟通与合作会非常有益。

第二点建议是仪式感。我也曾经多次给其他部门的同事当导师。有的部门领导非常重视这个仪式，会在一些正式的场合举办一个"拜师"仪式，还会有正式的聘书。这样的仪式会让我的责任感直线上升，会特别用心地和这位"徒弟"约时间认真沟通，期望能给他带来帮助。建议大家要重视仪式感，不一定是大场面，但是务必让被聘请的导师感受到尊重。

以上就是关于管理者三大职责的介绍，希望这些内容可以为大家的管理之路厘清思路，从而弥补工作中的不足。

## 四、三大职责之间的关联

请大家思考，三大职责之间是否有关联？

请思考后继续阅读。

经过一番思考，你也许可以得出以下结论：三大职责之间有一定的关联性。要想长期顺利地完成任务，管理者必须在建设团队和发展下属方面做好充足的准备，否则即使有时候因运气好而完成了任务，也很难持续太久。

　　不论是建设团队还是发展下属都是和人相关的，也就是说我们成为管理者之后必须有足够的精力和时间去处理相关的事务。作为一线经理，至少要分配一半的精力和时间到建设团队和发展下属工作中。

　　我给大家分享一个简单确定自己是否完成角色转换的方法，即不断地问自己时间与精力的分配比例。目前我用于思考团队与人员的时间精力占比如何？是20%、30%，还是50%？通过这个比例来诊断自己是否完成了角色转换。注意，这里提到的时间不是绝对时间，更多的是指精力的概念。它们的区别在于我无法专门抽出整块的时间用于思考关于人的事务，但是我在任何时间、任何地点、借助任何事务都可以考虑和人相关的事情。这位下属哪些能力要提升？那位下属目前的需求是什么，为什么他看起来没有激情？我们团队是否有明确的价值观和行为标准？关于对这些问题的思考，就是我在这里对精力的定义，请大家结合实际工作进行理解和感受。

　　再问大家一个问题，随着管理层级的提升，你分配到与人相关的事情上所花费精力的比例是增加了还是减少了？我想告诉大家的是，应该是增加了。管理级别越高，越应该关注自己的下属以及团队，制定正确的策略和方向，而花费在具体事务上的时间比例应该是降低了。只要仔细认真地观察那些优秀的、发展快的高级别管理者就会发现这个现象。当然，反面教材也比比皆是。身为大区经理却干着地区经理的活，甚至还有的人当上了总监，已经是三线经理了，思维还停留在一线经理的层次，就喜欢干一线经理的活，直接越过几个层级给下属下达任务，让一线经理无所适从。

　　以上就是管理者三大职责之间的关联。完成任务主要是和事情相关，建设团队和发展下属主要是和人相关。再次提醒大家，只有将与人相关的事情做好了才能长期顺利地完成任务。

## 五、一个真实关心员工的故事

　　成为管理者之后，一定要加强对人的关注。为了让大家对这一点有更深切的体会，我给大家分享一个发生在我团队的真实案例，更直观地告诉大家该如何真正地关心员工，让员工愿意心甘情愿地跟随着你工作。

我曾经带过的一位地区经理，他是一个很有心的人。有一次他在一个微信公众号上看到一位在全球排名第一的制药公司工作的中国地区经理的故事。那位经理带领的是一个刚成立的新产品的团队，他的团队中有好几位是应届毕业的大学生。在一起工作了一段时间之后，这位地区经理利用假期，在这些下属不知道的情况下，来到了他们的家里，拜访、探望了他们的父母，在离开前还用手机录下了他们的父母给孩子们的寄语。回来后，他很用心地对这些视频做了剪辑，并配上了音乐。在一次团队会议上，他把这个视频播放出来，大家在惊喜之余，剩下的全是感动。

当我团队的那位地区经理知道了这个故事之后，非常受启发，他也想用同样的方法来对自己的下属进行激励。因为我们这个产品是老产品，有一些销售代表工作时间也比较长，如果去到每个人的家里不一定合适。这位地区经理想到了另外一个办法，他找到了他们每个人负责的医院里最重要的一位科室主任，也就是他们最重要的客户。他邀请这些重要客户给他的团队成员录一些鼓励的视频，最后都以"某某加油"作为结束语。这个过程非常有意义，因为它不仅激励了自己的员工，还拉近了与客户的距离。在完成了所有的录制和剪辑之后，也是在一次内部会议上，他播放了这段视频。我当时也参加了他们这次内部会议，看完之后深受感动。因为我感受到了这位地区经理是真正在用心对待他的下属，他在想如何能够让自己的员工在这个团队工作时觉得既开心又有收获。这些销售代表们也都深受感动，因为他们从另一个角度看到了自己最重要的客户对于自己的反馈和鼓励，这对于提升合作高度是有一定帮助的。这个视频至今还保存在我的电脑中，我在做领导力培训的时候还经常把这个视频放出来给大家一些启发。每次学员们都会深受启发，并表示回去之后一定要用心思考如何能够通过对人的关注来增加团队凝聚力。

这个故事分享给大家，希望对大家有所帮助。其实想把我们下属内心中的天使激发出来有无数种方法，但如果管理者没有这方面的核心原动力去加强对下属的关心和关注，即使我们了解到再多的理论，掌握再多的方法，也是没有用的。

希望这个故事能够启发大家的思考，帮助大家在实际工作中找到各种各样的方法来提升自己团队的凝聚力。

# 第三单元
## 有效管理的基础——建立信任

作为一名管理者，能否与下属建立信任是一切有效管理的基础。为什么建立信任这么重要？大家设想一下，如果领导和你谈未来的发展，有的领导和你谈过之后让你感觉非常激动，认为领导真的是关心你的成长，你则会更加努力地投入工作。也有一些情况截然相反，领导和你谈过之后，你心里只有三个字："画大饼"。工作激情不但没有被调动起来，反而会产生一些不好的感受。

两者区别在哪里？其中的一个主要原因是你是否信任那个领导。由此可见，建立信任对于管理者相当重要。下属如果充分信任你，团队中每个人的工作动力都会非常足，大家一心想的是如何一起努力把工作干好，达到事半功倍的效果。但是如果下属不相信你，他可能会怀疑你的动机，是真的在为我考虑吗？是不是想让我替他背黑锅？也可能会怀疑你的诚信，这是在忽悠我吧？每次都说得很好听，但总是不兑现；有时候还会怀疑你的能力：这个领导真不行，关键时刻总是掉链子，专业知识都会讲错，等等。

如何才能赢得下属信任？我问大家一个问题：建立信任的第一责任人是别人还是自己？当然是自己。千万不能有这样的误区，认为自己很值得信任。为什么别人都不信任自己呢？别人是如何判断你值不值得信任呢？我想告诉大家，别人会通过观察你的行为来确定你是否值得信任。

你认为自己很好，非常值得信任，但是别人通过观察发现你的行为总是表里不一、无法兑现承诺，你还会责怪别人不信任你吗？因为你的行为表现已告诉他人：我是一个不值得信任的人。要想让下属充分信任你，必须做到谨言慎行、表里一致、言出必行。只有做到这些，才能让别人信任你，从而建立好的管理基础。

我们可以通过什么样的方法来建立下属对我们的信任呢？这就是接下来我要和大家分享的内容，希望通过对这部分内容的学习，建立起下属对你的信任。

如果把建立信任比喻成盖高楼的话，首先要做的是打地基。要想把大楼盖得高、盖得安全，地基必须打得牢固。如何能够把地基打得更牢？我们一定要注意两个关键点，分别是诚信和意愿。地基打好之后，要想顺利地把楼盖起来，还有两个关键点，是能力和结果。

## 一、建立信任四要素之诚信

建立信任的第一要素：诚信。

我们都有这样的经历，在评价一个人好不好的时候会说谁的人品好，谁的人品不好。人品是如何体现出来的呢？其实是通过诚信。怎么做会让别人觉得你是一个有诚信的人？注意以下三点。

**第一点，表里一致。**

表里一致要求我们说什么就做什么，而不是说一套做另一套。你日常随意说的一句话可能做出了承诺，但是你是否会兑现这个承诺呢？我曾经见过一些管理者随意给出各种承诺，但总是不兑现，就像什么都没有发生过一样。比如：

"这段时间大家辛苦了啊，忙完之后一定向大家表示感谢！"

"小张，最近加班有点多，把加班时间记录下来，我会有所表示的！"

"小李，你们部门太给力了，我一定要给你们提名一个总经理特别奖项！"

一个个承诺就在这种不经意间做出了，然后一切照旧，就像什么都没有发生过一样……

这和我们小时候听的"狼来了"的故事有什么区别？下属和其他同事一定不会再相信你，你再说什么别人都会打个问号，这还怎么实行有效管理和展开跨部门合作？

关于表里一致，我给大家分享一个真实的反面案例。

有一位做销售的同事给我讲过她的经历，她通过领导的一句话就清楚地明白了什么叫作"表里不一致"。

当时这位同事（我们称她为"小朱"）刚转岗过来，对产品知识还不熟，大区经理要求她的直接领导利用休息时间给小朱补习产品和相关领域的知识。这无疑会增加这位地区经理的工作量，她内心自然是不愿意的，但是大区经理提要求了，她又必须做，于是她们约好周六上午去办公室给小朱补课。

因为这位地区经理不太愿意，所以刚开始的时候态度很不耐烦，当小朱有一个问题没听懂想问她时，她特别粗暴地说："先不要问，等我讲完之后一起问！"这样的态度吓得小朱不敢再问了，就一直听她讲。

那天也特别巧，大区经理有一些事情要处理，也来到了办公室，刚好看见这位地区经理在给小朱补习产品知识。大区经理很开心，立刻表扬了她们，还特别表扬了这位地区经理。结果这位地区经理立刻像换了个人一样，态度180度大转弯，满脸笑意、无比温柔地对小朱说："小朱，你有任何问题可随时打断我，千万不要客气啊！"

后来小朱在给我讲述那天的事情时，表现出对那位地区经理的蔑视和无奈，说用"刻骨铭心"来形容那天的经历一点也不夸张，她说她永远都忘不了那个场景。

试问：这位地区经理前后严重不一致的表现能让下属信任她吗？肯定不能。我们希望自己身边有这样的管理者吗？这种行为表现怎么能赢得下属的信任！

这类行为还包括在背后议论别人的不好，当面一套，背后另一套。当着跨部门同事的面说人家什么都好，当人家不在场的时候又说一大堆坏话。

还有人说自己尊老爱幼，但是上了公交车都不给老人让座；说自己尊重他人，结果在餐厅对待服务员时态度无比恶劣……这些都是表里不一致的表现。

我也给大家分享一种表里一致的行为，叫作"感谢不在场的人"。

大家都参加过会议，会议上有的同事在进行项目介绍或者项目总结的时候，我们会发现只感谢在现场的人，而不在场的人哪怕真正给他带来了很多帮助，他都不会提；而有一些同事无论下面坐的是谁，只要是给予他帮助的同事都会诚挚地表达感谢，不管这位同事是否在现场。很明显，后者更加遵循表里一致的原则。

相信大家还会想到很多实际的案例，就不列举了，希望大家以此为鉴，在日常生活中注意自己的言行。

**第二点，谦逊。**

我们都听过这样一句话，"饱满的稻穗总是低着头"。这句话带给我们什么启发呢？是不是越有高度，能力强的人反而越谦逊、越懂得尊重别人，越能听得进去别人的意见。与之相反，有一种人是"一瓶子不满，半瓶子晃荡"。这种人往往表现得很自满，对别人说的话听不进去，自我感觉非常好。其实，这种行为表现会影响他的诚信度。

设想，你的下属在和你讨论他的观点的时候，你是会认真考虑，还是会直接打回去，不给对方开口说话的机会？其他同事在向你提建议的时候，你的表现如何？是当面说别人好，背地里说别人的坏话，还是总表现出一副我什么都正确的样子？这些行为都会被你的下属观察到，尽管大家嘴上不说，但是都会在心里有所判断，从而影响你的诚信度。

再讲一个我们都很熟悉的词："空杯心态"。

"空杯心态"说起来很简单，但是成年人要真正做到是很难的。因为许多成年人会对自己见到的事物形成固有的认知。在有固有认知的情况下，你是否还能够听进去别人的建议呢？

我在上课的时候经常举这样的例子：

如果你面前有一个杯子，就我们所学习的内容，根据你固有的经验往这个杯子里面倒水，你会倒几成满呢？

我在课堂上提这个问题的时候，得到的大部分答案是七成或者八成。

当然也遇见过一些特殊的情况，有一些年轻的同事会说倒九成。通过这一点，我们可以确定，成年人心里的固有认知一定是存在的。几乎没有人回答百分之百，只要不到百分之百，就意味着还可以有新的东西进来。现在你可以把你学到的知识和固有的认知相结合，这样你的能力就得到了提升。

如何在日常工作和生活中表现得谦逊呢？其实很简单。

通过听取别人建议的时候表现出的四个不同层次，我来帮大家梳理一下，见图1-2。

| 闻过则怒 |
|---|
| 闻过则辩 |
| 闻过则询 |
| 闻过则喜 |

图1-2  显示谦逊程度的四个层次

通过以上这四个层次，就可以大致判断出你是否是一个谦逊的人。下面，就这四个层次为大家做一个详细说明。

**闻过则怒**。这类人的主要表现是，当你给他们提出一些建议的时候，他们会表现得非常生气，甚至会发怒，根本不允许你说他们有任何问题，自然不会听取你的任何建议。

**闻过则辩**。这类人的主要表现是，当你给他们提出一些意见或建议的时候，他们的第一反应是辩解。你的任何反馈，他们都会用各种理由和你争辩，说都是别人的问题，根本不会真正检讨自己。这类人在现实生活中特别多。

**闻过则询**。这类人的表现相对来讲就要好很多了。当你给他们提建议的时候，他们不会怒也不会辩，而是会主动问你，他们究竟哪里做得不够，可不可以再给他们多说一点。能做到这一点的人，说明他们有主动寻找自己不足的意识。

**闻过则喜**。这绝对是最佳状态。这类人的主要表现是任何人在给他们提意见或建议的时候，他们都会非常开心，并且虚心接受，同时对别人表示感谢。其实，给我们提建议和反馈的人越多，我们各方面的能力就会提升得越快，而且别人会觉得我们非常谦逊，更愿意和我们相处。

大家可以想象一下，如果一个人表现出来的是闻过则怒或者闻过则辩，他身边一定不会有人再愿意给他提任何建议，而是会告诉他："你什么都好。"这样的人，盲点会越来越多，因为他根本无法意识到自己的问题。如果这样，他的能力会有所提升吗？显然是不可能的，他将活在自我的巨婴世界里无法自拔。

这类人所表现出来的自满和自大必然会影响他们在别人心中的可信度。

乔布斯说过一句话："和优秀的人共事，不用太在乎他们的自尊。"因为优秀的人都会特别开心地听取别人给自己的反馈，这些反馈给了他们进一步提高的机会，这就是"闻过则喜"；相反，越差的人在听到反馈的时候越会表现出莫名其妙的超强自尊心，根本不接受任何反馈，这就是"闻过则怒"。希望大家都成为优秀的人。现在各位可以反思一下，自己在听到建议和反馈的时候处在哪个层次呢？

我建议大家在日常的生活和工作中，当别人给你提建议的时候一定要虚心听取并接受，同时表示感谢。因为正是他们的这些建议，才使你更加优秀。

**第三点，勇气。**

当你在工作中遇到困难、感到有压力的时候，你是否有勇气按照原则来指导自己的行为。比如你是一位医药销售经理，当你发现自己的产品可能对于一些患者不是很适用的时候，你还会不会坚持让下属推广给客户使用？当你发现竞争对手的产品在某些方面比自己的产品要好，你是否有勇气承认？当下属专业能力比你强时，你是否有勇气认可下属的不同观点并按照下属制定的方向展开行动？

勇气还有另外一种表现，就是敢于担当、勇于承认错误。当出现一些错误的时候，不要推给别人，是自己错了就承认。大家想一下你的周围是否有一些"背着牛头不认赃"的人？明明是自己错了，却没有勇气承认和担当，而是不停地狡辩、推脱、甩锅，让人感到很无语。

当表里一致、谦逊和勇气结合到一起，就构成了诚信。作为管理者，要想把信任的大楼盖得高，地基就要打得牢，而诚信是地基的第一要素。所有关于诚信的建立，一定是通过自己的行为体现出来的，因为别人只会通过观察行为来判断你是否有诚信。请大家在日常工作与生活中注意这三个关键点，建立自己的诚信。

## 二、建立信任四要素之意愿

建立信任的第二要素：意愿。

如何理解意愿对于建立信任的意义？

设想这样一个场景，你提了一个行李箱走在火车站，突然有一个人过来要帮你拎箱子，你会给他吗？

现在换一个场景，你走到了一个五星级酒店的门口，行李员要来帮你提箱子，你会给他吗？你给他的可能性肯定会大一些。

这两点的区别在哪里？你在不清楚对方意愿的情况下，对这个人是没有信任的。火车站那个人，因为你不清楚他的意愿，所以不敢把行李交给他。而酒店门口的行李员，你很清楚他的意愿，就是过来帮你提一下箱子而已，最多就是希望你能够给他一些小费，而绝对不会把你的箱子偷跑。

作为管理者，与下属在一起应当表现出什么样的意愿？为对方着想的意愿。

这同样是需要通过管理者的行为表现让下属感受到的，并且我们要做到表里如一，说的与做的保持一致。管理者要让下属感受到自己的意愿是在为他着想，而不是让下属误会自己是为了完成绩效，多拿奖金，在领导面前有好的表现以获得升职。

我曾经就有过这样的经历，就是关于管理者意愿的问题。

有一位总监，职位已经很高了，但是他的一些行为让他团队里所有人都在怀疑他的意愿，从而对他的信任都画了一个问号。

事情是这样的：在处方药销售的过程中，销售代表应该全权代表公司在医院的相关科室谈合作。我一直这么认为，因为这样才能让销售代表有机会和所有的重要客户建立合作关系，并且能够提升销售代表的思维高度和各方面能力，这对于他们的成长至关重要。因此，一些重要项目的合作都应该让销售代表全程参与。至于在与客户沟通的过程中是经理主谈还是销售代表主谈，或者是由销售代表单独和客户沟通，可以依据情况而定，但是销售代表一定要全程参与。

回想我在做销售代表的时候，这些关于重大客户的合作项目，都是我自己和院长以及科室主任沟通的。我的领导非常支持我，他反复告诉我，我就是我们公司在这家医院的全权代表。他很信任我，我能感觉到他是为了我的成长，所以我也非常信任他。

有这样一位总监，他在涉及重要合作项目资源投入的时候，都会悄悄避开地区经理和销售代表，自己约好客户去完成这些沟通，压根不让销售代表和地区经理参与。这个行为就很难不让大家产生一些想法，他的目的是什么？他是代表公司在谈合作和销售吗？还是有什么别的企图？其实大家都很聪明，都能看出来他不过就是为了维护自己和专家的关系。但是这种维护关系的意愿是为了公司，还是在给自己铺后路？或者是利用公司提供的资源维护好客户关系，从而帮助自己达到其他目的？

当这种行为被大家看到的时候，意愿这个关键点就被打了一个大大的问号，下属对于他的信任也会打一个大大的问号。

由这个例子可以发现，要想让下属信任我们，我们就必须时刻让团队成员感受到自己的意愿一定是为了公司、为了团队、为了大家的发展或切身利益，而不是为了个人利益。

小结：让下属信任自己就像盖大楼，大楼的地基由两部分构成，分别是诚信和替对方着想的意愿。

有了地基之后，想把这个大楼盖起来就要靠以下内容了：专业能力和结果。

## 三、建立信任四要素之专业能力

**建立信任的第三要素：专业能力。**

举一个例子：大家很信任消防队员，因为消防队员的诚信以及他们的意愿是没有问题的。但是大家会让消防队员给自己看病吗？肯定不会。为什么呢？因为消防队员没有这方面的专业技能。

这就相当于在管理团队的过程中，管理者表现出来的诚实正直、替对方考虑的意愿都没有问题，但是表现出来的专业技能是这样的：

作为销售经理，与下属一起拜访客户时，问的问题很没有水准；

不了解专业知识，连关键数据都会说错；

辅导下属时根本看不到问题的关键点，而是没有思路地瞎说一通；

会议上演讲技巧很差，无法呈现重点；

……

这些行为表现都会让下属觉得你只是个老好人，给你发一张好人卡，然后离你而去。因为跟着你学不到东西，没有发展前途。

由此可见，只有地基是不够的，要想得到下属的充分信任，管理者还要表现出非常优秀的专业能力。

我们应该具备哪些专业能力呢？我认为有以下三点。

**第一点是思维能力。**

在前面的内容中，我提到过思维能力决定着一个人的发展空间。因为思维能力是其他一切能力的基础。尤其是作为管理者，在看问题的时候能否透过现象看本质，能否提升格局看到事物的全貌而不是局限在某一点，这些都会决定其解决问题的思路和方向。大家在思考问题的时候可以经常反问自己：我被这个问题局限住了吗？我有没有跳出这个问题的局限在思考？

爱因斯坦说过一句很有名的话：

We can't solve problems by using the same kind of thinking we used when we created them.

我们永远无法用制造出问题的那一层思考方式解决问题。

现在我们面对的事物都是复杂的，几乎都会受很多的因素影响，基本上已经没有"单因单果"的事情了，大多是"多因一果"，即多个相关因素决定着事情的发展方向和结果，只是各个因素在不同阶段所占的权重不同。作为管理者，能否在分析问题的时候尽可能多地考虑相关因素，分析出不同的权重，从而在下属面前展示出思维高度和思维能力。

日本著名的企业家稻盛和夫与润米咨询的创始人刘润老师都有过类似比喻：

人和人之间的差距在哪里？

就在于是站在楼的1层，还是楼的10层，或是楼的100层看世界。

有的人终其一生的努力，都只是站在1层的视角看世界，他看到的都是自己眼前那点东西，有市井吵架、违章停车，还有被骂。

有的人努力向上攀登，站在10层的视角看世界，开始能逐渐看到局部，骂他的人好像是在和他打招呼，他开心地向骂他的人挥挥手。

他在10层看到有的人比他更优秀，且更加勤奋、更加努力，于是他继续向上攀登，爬到了100层看世界。他看到的是全局，开始体会自然资源的分布、城市设计的气概和俯瞰世界的万丈豪情。至于那些骂他的人，早已消失不见。

联想我们自己，当我们在1层时，可能会更愿意主动跑到5层、8层、10层，去看看都能看到些什么。再回到1层时，会更理解不同角度看待问题的深度，并且不会遗忘细节。

你在楼的几层思考？又在楼的几层做事？

站在桅杆顶上看见的东西，是站在甲板上无论如何都看不到的。

这不是视力好坏和认真与否的问题，而是高度和角度问题。思考时的高度和角度，决定了将成为哪种人。

这和方向（do right things）与效率（do things right）密切相关。作为管理者，思维层次越高，越能够让自己和团队面对正确的方向。方向与效率，哪个更重要？显然是方向。当车头面对的方向是悬崖，效率即速度越高，掉下去就越快。

请回想一下我在前面给大家提到过的N+2级别的思考。

**第二点是管理能力。**

管理能力包括业务计划能力、辅导能力、跨部门合作能力、重要内外部客户维护能力等。

任何管理岗位都要制订属于自己和团队的业务计划。以销售管理为例，业务计划能力就是管理者是否能够运用好区域管理的工具分析区域、制定策略、匹配资源，进而制订好自己区域的业务计划，同时指导下属制订他们的业务计划。比如每个季度召开一次业务计划讨论会，让每个销售代表汇报他们的业务计划，从中看到关键点在哪里，进而给销售代表指引正确的方向。

辅导能力主要指管理者是否能够运用辅导的GROW模型对下属进行辅导，每次辅导之后不仅会让下属有所收获，还能获得良好感受。

另外，跨部门沟通与合作、重要内外部客户的维护等能力，都属于管理能力。

**第三点是相关领域的专业技能。**

作为管理者，你对自己团队所处领域专业知识的掌握及运用程度如何，也是判断专业能力的一部分。比如我所从事的是专业性很强的处方药销售工作，如果对这方面相关知识了解不够深入，是很难制定好销售策略并执行活动的。因此，作为处方药销售的管理者，必须和市场部以及医学部的同事加强沟通，努力学习，并向专家请教，目的就是不断提升自己的专业能力。这一点同样适用于其他领域的管理者。

## 四、建立信任四要素之结果

最后看把大楼盖得更高的一个要素：结果。

你曾经取得过哪些很好的结果？比如做一线销售时取得过优秀的结果，与一些重要客户达成良好的合作，被某些领域的重要专家认可；在公司内部获得过奖项；或者在其他方面取得过一些出色成绩，比如获得博士学位，上了某名校的MBA。这些结果尽管与目前工作没有太直接的关系，但是它们同样能够起到增进信任的作用，因为这些结果证明了你是一个努力的、积极追求上进的人。结果的另一种表现就是下属通过管理者的支持和帮助取得了很好的结果。通过你的辅导，下属的专业缔结能力提升了；通过你的帮助，某一位不好打交道的大客户终于同意合作了，等等。这些都会很好地增进下属对管理者的信任。

我们回顾一下：盖大楼首先需要把地基打牢，要做到诚信以及替对方着想的意愿，打好地基之后，要想把楼盖得好、盖得高，还要展现出专业能力，借以带来很好的结果，这就构成了建立信任的四个要素。

信任的建立对于我们开展管理工作绝对是至关重要的，它是有效管理的基础。请大家围绕这四个要素进行自我诊断与反思，思考一下哪些方面做得不错、哪些方面需要加强。通过个人行为的改变增进与下属的相互信任，给管理工作打好基础。

# 第四单元
## 成为赢得人心的领导

在了解了管理者的三大职责以及有效管理的基础——建立信任之后，我们已经清楚了成为管理者的必要条件。更重要的是，赢得人心进而取得大家的支持，这样才有可能带领大家一起努力，做到"心往一处想，劲往一处使"。这就要求管理者通过加强对下属的关注，充分调动他们的积极性。如何在具体的管理过程中有效地调动下属的积极性？这是接下来要给大家讲解的内容。

### 一、X理论与Y理论

相信大家都有这样的感受，对待不同的下属，我们采用的具体方法也是不一样的。有些人要严格管理，有些人则不需要。即使对待同一位下属，在不同时期、处理不同工作任务的时候，具体的管理方法也不一样。管得严了会让别人觉得烦，我们自己也不喜欢领导对于我们已经熟练掌握的任务还盯这么紧；太放手的话又会担心工作质量无法保证。大部分新晋的管理者会有这样的困惑，为了解决这个问题，在这部分内容中介绍管理学的重要基础理论之一：XY理论。

在介绍这个理论之前，请大家先看案例。

主人公是两位经理，一位叫王涛，另一位叫张磊。

**王涛经理**

王涛认为每位员工都有人权，在以人为本的前提下，他偏重于管理者有义务和责任去满足员工的需要。他说，只要不出问题，员工是不需要怎么管的，他们自己就会努力工作。

王涛说，他每天都要利用25％的工作时间与员工交谈。他认为张磊经理的管理方式过于死板，张磊的团队成员也许并不那么满意，但除了忍耐别无他法。

在王涛召开的部门会议上，他总是征求员工的意见。他力求以一种友好、授权的管理方式对待员工。他承认自己的部门在工作效率上不如其他部门，但他相信他的团队成员有绝对的忠诚与高昂的士气，并坚信他们会因他的开明领导而努力工作。

**张磊经理**

张磊对他自己部门的产出和效率感到非常自豪。他总是强调过程控制的必要性，下属人员必须很好地理解上级的指令以得到迅速、完整、准确的反馈。当张磊遇到问题时，他一定会亲自处理，以确保问题被合理地解决。通常情况下，他会明确规定下属人员的工作方针、报告方式及完成期限。张磊认为只有这样大家才能更好地合作，提高工作效率。

张磊认为对下属采取"敬而远之"的态度是最好的方法，所谓的"亲密无间"会松懈纪律。他主张公开谴责或表扬某个员工，每一位员工都应对自己的工作负责。他认为在管理中遇到的最大问题是下属不愿意承担责任。他说，他的下属人员明明有机会做许多事情，但他们并不是很努力地去做。他很不理解他的下属人员以前是如何与一个毫无能力的前任经理相处的。现在，他的上司对他们现在的工作运转情况非常满意。

对上面案例，大家有什么感受？你更喜欢哪一位经理的管理方式？还是都不喜欢？

我们来分析一下这两位经理各自管理方式的优缺点。

王涛经理非常关注人，他对人的关注几乎超过了对工作的关注。设想一下，王涛经理这样的管理方式，他的团队会存在什么问题？大家可能会觉得，这种管理方式的好处是团队氛围特别好，因为团队成员完全没有压力。但从长期来看，完成任务方面一定会有问题，因为大家长期处于一种松散的状态。

再来说说张磊经理，如何看待张磊的管理方式？是不是感觉张磊管理得非常严格，短时间内的确能够完成任务，但是时间长了，团队成员可能会受不了。因为下属感受不到任何关心，只是被当成工具使用，总体感受很差。

这两种管理方式代表了管理学中经典的XY理论。XY理论最早是由道格拉斯·麦格雷戈（Douglas McGregor）在其1957年的著作《企业的人性面》❶中首次提出来的。

### 1. X理论

我们刚才看到的这个案例就是XY理论的典型代表。张磊采用的是X理论。X理论有一个假设前提叫"人性本恶"，即性恶论。它认为所有的人都不愿意在工作中尽全力、尽可能少工作、避免承担责任、对能否在工作中有所成就不感兴趣、不能约束自身的行为、对于组织的需要漠不关心、尽可能避免做决定、不能为人所信赖和依靠，所以在工作中需要被严密地监督和控制，激励工作的动力仅仅来自金钱和其他收益（图1-3）。

- 不愿意在工作中尽全力，尽可能少工作
- 尽可能避免做决定
- 避免承担责任
- 不能为人所信赖或依靠
- 对能否在工作中有所成就不感兴趣
- 在工作中需要被人严密地监督和控制
- 不能约束自身的行为
- 激励工作的动力仅仅来自金钱和其他收益
- 对于组织的需要漠不关心

图1-3　X理论中不同管理风格的主管对员工的看法

在工业革命初期，劳动者被称为简单的体力劳动者，工作付酬方式大多是计件工资。对于这些体力劳动者，运用的就是X理论的管理方式。

X理论有风险吗？一定是有的。它的潜在风险是如果整个团队长时间处于这种状态，一定会变得死气沉沉，没有任何创造力，而且每个人的感受会很差，觉得自己不受尊重。相信很多人是无法长时间在这样的环境中持续工作的。

试想一下，我们愿意在这样的管理氛围中工作吗？肯定不愿意，因为我们已经不再是简单的体力劳动者了。大家也许会说，我们也是体力劳动者！

❶ 道格拉斯·麦格雷戈. 企业的人性面[M]. 韩卉，译. 杭州：浙江人民出版社，2017.

每当被问到这个问题的时候，我都会和同学们说："哈哈，绝对理解，我们也要靠体力，只不过区别在于我们不是单纯地靠出卖体力来换取收入，所以我们现在应该被称为'知识工作者'。我们更多的是靠自己的知识和技能来获取收入。"

X理论不再适用于知识工作者，于是出现了Y理论。

### 2. Y理论

Y理论的假设前提是"人性本善"，即性善论。它认为所有的人愿意为完成预定目标而努力工作，在职责范围内勇于承担责任，强烈希望在工作中有所成就，并且能够约束自身行为；他们工作积极，喜欢在工作中做出决策，而不是盲目顺从他人（图1-4）。激励他们工作的动力来自他们对工作的兴趣及任务的挑战性，而且乐于接受变化并不断谋求进步。

| | |
|---|---|
| · 为完成预定目标而努力工作 | · 工作积极，喜欢在工作中自己做出决策，而不是盲目顺从他人 |
| · 在职责范围内勇于承担责任 | · 在职责范围内乐于自己做出决策 |
| · 强烈希望在工作中有所成就 | · 激励他们工作的动力来自他们对工作本身所具有的兴趣及任务的挑战性 |
| · 能够约束自身行为 | · 乐于接受变化并不断进步 |

图1-4　Y理论中不同管理风格的主管对员工的看法

Y理论有什么潜在风险？如果将Y理论用到极致，团队中的潜在风险是可能会处于一种"无政府"状态。你会失去对这个团队的掌控，因为过度地关注了大家的感受，过度地相信大家的自觉性，认为所有的人都可以把工作做好，因此在管理方面可能会出现问题，长期这样，整个团队的效率会大打折扣。

总结一下，X理论的关注点是任务和绩效，管理方式是严密的监督。Y理论的关注点是人员和关系，管理方式是支持和参与。从刚才的案例中也可以发现，如果将两种理论都用到极致，管理肯定会出问题。我们可不可以在X理论和Y理论中找到一个相对的平衡点？这就是下一部分带给大家的内容——超Y理论。

## 二、超Y理论

上一节介绍了X理论和Y理论，也分析了如果将这两种理论用到极致都是不合适的。现在介绍一种实用的理论——超Y理论。

### 1. 超Y理论的定义

超Y理论是组织管理中更具当代特色的学说，是"权变理论"的别称。所谓权变理论，指组织对环境的变化而产生的适应性变化。超Y理论是1970年由美国管理心理学家约翰·莫尔斯和杰伊·洛希根据"复杂人"的假定，提出的一种新的管理理论。它出现于1970年《哈佛商业评论》杂志上发表的《超Y理论》一文和1974年出版的《组织及其他成员：权变法》一书中。

如何理解超Y理论？这里用寻找"平衡点"的例子来加以说明。

在管理任何一个员工的时候，我们都应当在X、Y两极中找到一个平衡点，而这个平衡点会使我们和下属在感受良好的同时还能保证完成任务。这个平衡点怎么找？有哪些因素会影响这个平衡点？结合下面这张图，我给大家做一个详细讲解，图1-5的左边是X，右边是Y。假设有一个员工小A，通常我们要找到一个平衡点来进行最佳状态的管理，请大家思考一下，对于这个员工的管理是在这个位置一成不变，还是会左右来回移动？

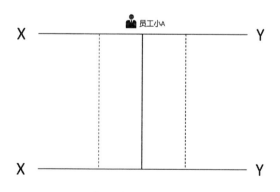

图1-5　管理员工小A的最佳平衡点

是的，一定会左右来回移动。这个平衡点会依据不同的人、不同的工作任务，甚至在不同的时期进行适当的左右移动。现在有一个关键点需要我们思考，有哪些关键因素会影响这个平衡点左右移动的幅度？

### 2. 超Y理论的影响因素

首先是年龄。通常来讲，年轻的，我们要向X移动一些，因为他们承受压力的能力会比较强。年长的，我们会向Y移动一些，因为他们需要多给予一些尊重。这是原来的情况，现在的"90"后和"00"后已经越来越不喜欢X理论的管理方式了，我们会在后面的章节中专门介绍对"90"后和"00"后的管理。

其次是性别。男性承受压力的能力通常会强一些，管理时可以向X移一些。女性承受压力的能力会相对弱一些，她们更加爱面子，所以对于女性要向Y移一些，不能说得太狠。女性对于被认可的需求是要高于男性的，因此对于女性的管理确实要偏Y，多认可，多鼓励。关于这一点，在"鼓舞人心的激励"内容中会有详细介绍。

再次是专业能力。对于专业能力强的人，在管理时可以适度地向Y移动，因为当你了解到下属的专业能力足以胜任这个工作时，就不用盯得太紧，否则他会有一种不被信任的感觉，总体感受肯定不好。而对于专业能力比较弱的下属，在管理时要向X移动，要盯得比较紧，甚至要手把手地教他去做。

最后是下属的性格。我们知道有一些人的性格天生是比较敏感内向的，容易受伤害，那我们在管理时要偏Y一些，更多地照顾到他们的感受。还有一些人的性格比较热情、开放，他们时常自我感觉比较好，我们在管理时可以适当地偏X一些，通过严格的要求来帮助他们提升绩效。

除此之外，还有很多相关因素。比如，员工的个人生活状态。因为当员工个人或者家里面发生一些事情的时候，你一定要体现出人文关怀，也就是管理时偏Y一些。

当然，还有公司和团队层面的因素。比如公司和团队文化是偏向于严格要求的还是宽松的；工作性质是流程性很强还是要求创造力；等等。

以上因素都会影响我们在X、Y中所移动的幅度（图1-6）。要想掌握好这个移动幅度，管理者就要加强对人的关注，正如前面内容中提到的管理者的三大职责，建设团队和发展下属的基础都是对人的关注。任何人的心中都有天使和魔鬼,一个优秀的管理者,就是能够最大程度地激发起人们内心的天使,而不是激发出人们内心的魔鬼。

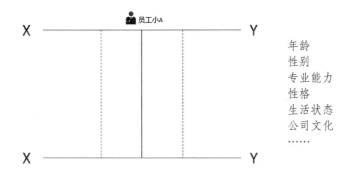

图1-6　影响管理员工最佳平衡点的相关因素

日本著名的管理学家大前研一(Kenichi Ohmae)曾经说过这样一句话:

Sense is more important than knowledge.

感受比知识更重要。

现在随着基本需求的满足,人们对于心理层面的需求与日俱增,每个人的自我意识也在迅速增强。尤其是新新人类进入职场后,我们要更加关注他们的感受,用合适的方式管理他们,最大程度地激发出他们的工作积极性和热情,这就是超Y理论带给大家的启发。

## 三、管理者的奇妙引力与个人魅力

在了解了管理的XY理论以及超Y理论之后,我们已经掌握了一些基本的管理理论。这还远远不够,管理者还需要注意加强自身的吸引力。我们经常会听到下属说:我的哪位领导特别有个人魅力,我就愿意跟着他工作。你羡慕这样的领导吗?接下来了解如何成为"赢得人心"的领导,也就是如何成为一位有个人魅力的领导。

对于一位出色的领导,考核的重要指标是能够长期获得好的结果。要想做到这一点,他必须赢得下属的心。如何赢得下属的心?我们是不是经常有这样的感觉，有些领导自带一种奇妙的引力，这种引力其实就是领导能力，体现为个人魅力。其实，这是领导者与跟随者之间的一种神奇的相互作用，这种相互作用会使得跟随者心甘情愿地发挥潜能，付出心力（图1-7）。

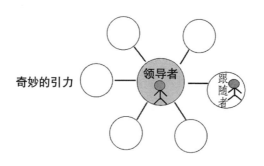

图1-7　领导者奇妙的引力

现在请大家和我一起进行冥想。闭上眼睛，在脑海中去寻找你曾经跟随过的一位领导。他真正赢得了你的心，和他一起工作特别开心，自己感觉时刻充满了动力。

请大家睁开眼睛，在你的脑海中浮现出这样一位领导了吗？如果说没有，那只能说你的职业生涯好悲催！如果有，请大家定格这张面孔，再次闭上眼睛，想一想这位领导究竟是哪一个行为或者哪一个瞬间的表现俘获了你的心，让他的个人魅力显著上升？

请大家再睁开眼睛。是他的哪一个行为或表现让他有了这种奇妙的引力？表扬你？关心你？还是为你争取发展的机会？

为了加深大家的感受，我给大家总结一下在线下课程中某些同学的答案，通常有如下几类。

领导非常专业，具备很强的专业能力，在帮我解决工作中遇到的所有问题的时候，就会有这种奇妙的引力。

领导临危不惧，不乱阵脚，即使遇到再大的压力也不会惊慌失措，而始终保持情绪的稳定，让我觉得他有奇妙的引力。

领导对自己的关心，包括对自己生活上的关照、工作能力的提升等方面，也会让我觉得他具备了这种奇妙的引力。

领导在关键时刻敢于担当，而不是把责任推给下属或者其他人，这种敢于担当的精神让他特别有魅力，能够吸引自己。

在完成这个思考后，就前面列举的这些行为，还有自己想到的一些其他行为，大家可以进行一次自我检视，比如自己在这些方面的表现如何，能否俘获下属的心？

要想拥有这种奇妙的引力，前面提到的各种优秀行为表现，我们都应该做到。大家可以借助这些行为进行一些总结和反思，尤其是着重留心你认可的领导，他们的哪些行为对你有启发？你在这些行为方面目前做得如何？

当我们养成用这样的思维方式检视自己的习惯之后，一定可以提升自己的个人魅力，带来积极的影响。这一类行为做得越好，这种奇妙的引力就会越强，下属越愿意跟随我们开展工作，这就是个人魅力带来的效果。大家在以后提到吸引力、个人魅力的时候，请把它归结到行为层面。因为这些都源自我们日常工作中的所作所为，希望能对大家有所启发。

大家是否发现这些赢得人心的行为具有一些共同的特征，就是没有用职位的权力来要求下属？领导不是应该运用自己手中的权力吗？权力有没有用？权力该怎么用？这就是下面要讲的内容——职位领导力与个人影响力的区别。

## 四、领导力与影响力

在日常工作中，管理者还具备一些职位本身带来的领导力，比如可以决定下属的绩效考核、可以分配任务和资源等。这和前面谈到的赢得人心的行为带来的影响力有什么区别呢？

如果只用一个词来形容领导力，你会用哪一个词？大家可能会想到很多，但我认为用"影响力"这个词来形容领导力就非常贴切。如果要用八个字来说明，就是"影响他人，带来结果"。这是对领导力的简单诠释。

再问大家一个问题，领导一定具有领导力，也就是影响力吗？大家可能会说不一定。有些人虽然不是领导，但是他的领导力很强，能够轻易地影响别人；也有些人虽然是领导，但领导力很弱，无论他说什么，下面的人都会充耳不闻，甚至有时会反抗而不执行。为什么会出现这样的情况？

现在请大家做一个场景假想：假设你现在是公益组织的一位项目经理，应该如何推动项目？就现在的条件来说，你没有什么？有什么？

首先是没有什么？大家可能会想到：我没有人；我没有权力命令任何人；我没有钱，这就意味着没有资源分配给大家；我也没有奖励和惩罚的权力。

其次是有什么？可以做哪些事情来推动项目向前进展？也许有人会想到我很尊重同事，从称呼、体态语言、相处的行为细节都能体现出我对别人的尊重，比如尊重别人的时间，做到提前预约，不会在下午要开会的当天上午才通知；约好的时间从不迟到；按约定时间结束工作；我的声誉非常好，能够说到做到；我会及时对大家进行鼓励、关心、认可以及赞赏；等等。

这就把影响力分为两大类：第一类是职位的影响力，就是我有权力进行奖惩，还可以分配资源，这是职位带来的影响力；第二类是个人影响力，它与职位影响力没有任何联系，完全是由刚才谈到的各种能力来决定的，如以往优秀的业绩、对他人的尊重、出色的沟通技巧、对别人及时的认可和鼓励等。

大家怎么看待这两种影响力呢？我认为两种都很重要，但是个人影响力是基础，如果个人影响力很差，只靠职位影响力将很难达到预期效果。

我给大家分享一个小例子。我是在西安的某军工厂里长大的，有类似生活经历的人都知道，那个时候大家都住在厂里的大院中，彼此认识，且很熟悉。那时总听父母说有一些车间主任动不动就吆五喝六，不尊重大家，而且摆出一副领导的样子。这些车间主任退休之后，走在路上都被人指指点点的，根本没有人理他们，甚至有的人在见了他们之后，还露出一副鄙夷的神情。有一些车间主任受不了这种鄙视就搬走了，还有一些人就郁郁而终了，其实也挺可怜的。

也有一些车间主任在退休之后，依然和工人们打成一片，大家在路上见了他们还是很热情地打招呼，彼此都很开心。

那时候因为年纪小，不明白为什么。现在通过这些年的工作经历，我明白了这其实就是个人影响力与职位影响力的区别。前面那一类退休之后没有人搭理的领导，他们只用职位影响力以权压人，在个人影响力方面做得很差，不尊重大家，所以得不到大家的支持和认可。而另外一类呢？也许他们并不知道什么叫个人影响力和职位影响力，但是他们在个人影响力方面做得非常到位。这类管理者在退休之后依然受到大家的尊重和拥护。

我们从这些例子中不难发现，个人影响力是基础。尤其现在我们管理的团队中"90"后与"00"后越来越多，他们更加关注管理者的个人影响力，越来越不喜欢职位影响力。管理者一定要注意个人影响力，在这个基础之上辅以职位影响力，就能让影响力或领导力的效果最大化，从而成为赢得人心的领导（图1-8）。

| 职位影响力 | 个人影响力 |
| --- | --- |
| - 职权 | - 声誉、表现 |
| - 奖励 | - 能力、经验、资历 |
| - 惩罚 | - 个人交往技巧 |
| - 资源 | - 性格、意志力、决断 |

图1-8　人们为什么会跟随领导者

# 第五单元
# "90"后与"00"后员工的管理

## 一、后浪与前浪

这一节谈谈对"90"后和"00"后员工的管理。"90"后和"00"后已经逐步成为职场的主力军，而且"90"后的管理者越来越多。这本书写于2023年，不知道你阅读的时候是哪一年，也不知道你是"90"后还是"00"后抑或是"10"后，总之后浪推前浪是任何人都无法阻止的趋势。1911年《大西洋月刊》的一封信中这样说："经验丰富的领导们长辈们都表示，在他们的一生中从未遇到过像眼前的这代年轻人一样，自私、无礼和只会享乐。""70"后这样看"80"后，"80"后这样看"90"后，每一代人都这样看自己的下一代……100多年过去了，一代又一代的人都认为下一代的年轻人不如自己，可是社会发展已经证明，一代更比一代强。

事物的发展都是有规律的，我们要学会从规律中看问题，先找到问题的本质，再寻找解决问题的方法。

我先问大家一个问题，大家觉得"90"后和"00"后跟"70"后或"80"后相比有什么区别？大家可能想到的都是个性越来越强、自我意识越来越强、越来越受不了委屈、很多事情都有自己的想法、动不动就撂挑子不干了，总之越来越不好管。

你有这样的感受吗？如何能够更有效地管理"90"后和"00"后这类新生代员工？这是我们广大管理者必须面对并尽快解决的一个问题。这一节介绍如何通过更有效的方式来对这些新新人类进行有效的管理，不仅让他们充满热情地工作，还提供给他们发挥创意的空间。

## 二、建设新中国的三代人

首先让我们一起回顾一下建设新中国的三代人，从这三代人的区别中总结出一些规律用于指导我们的管理思路。

第一代人是从1949年新中国成立到1978年改革开放之前。这一代人的特点是后辈复制前辈，主要的关键词是控制和复制，代表是"60"后往前的"50"、"40"甚至是"30"后。这一代人基本没有机会去做自己想要做的事情。有一个暴露年龄的词，大家如果听说过"接班""顶替"这两个词，说明你的年龄至少已经是"80"后往前了。这两个词的意思就是子女可以顶替父母的工作，子女在父母退休后可以顶替他们进厂上班。"00"后可能不知道这个词是什么意思，因为他们压根没听过。那个时候都是师傅带徒弟，大家是一辈子的同事，从进厂一直到退休。每个人不用想太多，因为想得再多，环境也不允许。

以1978年改革开放后到2008年北京奥运会和全球金融危机作为一个时间节点，就出现了第二代人。这一代人发现在这一时期已经没有办法再简单地复制前辈了。"70"后和"80"后基本属于这一代人，他们在踏上工作岗位之后，发现父母给的建议已经完全不能适应这个新时代的发展了，"不听老人言，吃亏在眼前"这句千百年传下来的古训似乎在很多方面已不再适用。中国经济迅速发展，时代已经发生了翻天覆地的变化。这代人彼此之间相互学习，主要的关键词是疏离和选择。这代人有了更多选择的机会，疏离体现在人们可以选择完全不同的工作和生活方式。换工作的频率比上一代人也高了很多，有些人和你是同事也可以成为朋友，但是大多数人在你离开这个公司之后就永远不会再联系了。我们没有任何束缚，可以选择离开体制内，打破"铁饭碗"，"下海"自己创业；也可以选择继续留在体制内工作。就拿我自己来说，我1997年大学毕业，当时在医院工作，算是"铁饭碗"，但是我选择离开了医院。我有很多大学同学选择留在医院继续工作一直到退休。这个时代给予了我们选择的机会。

从2009年到现在出现了第三代人。第三代人是以"90"后和"00"后为标志的新新人类，这个时期会出现前辈向后辈学习的现象。因为现在信息发展迅速，伴随着各种新技术的兴起，你会发现有很多事情，后辈了解得更多，因此很多时候需要向后辈学习。对于这一代人来说，主要的关键词是平等和对话，他们要平等，要跟你对话；还要创造，他们比以往两代人的创造力更强。第三代人还有一个特点，从马斯洛需求层次理论来看，最底层是生理需求以及安全需求，向上一层是归属需求，再向上一层是尊重需求，最高层是自我实现的需求。"90"后和"00"后的归属需求是缺失的，因为他们在成长过程中，社会性刺激不足，不需要付出就获得无条件的爱。他们跳过了归属需求，包括安全和社交，不需要社会性刺激就直接从生理需求层次到了尊重与自我实现的需求层次。这是"90"后和"00"后的特点，不像之前几代人，在归属需求方面需要付出很多努力才能够得到关爱和关怀，才能得到自己想要的东西。

## 三、新新人类的管理要点

正是因为这些不同点，我们在管理这些新新人类时要有不同的思路。这里给大家讲三个要点。

第一个要点是关于冲突。管理者要做的是软化冲突、控制情绪，尽量不要激化矛盾，尤其要控制自己的情绪。因为"80"后或"70"后，遇到管理者偶尔的情绪发泄，他们可能会默默忍受。但"90"后和"00"后是不会忍受的，如果管理者没有控制好自己的情绪，他们很有可能直接撂挑子不干了。如果正好是你想培养的员工因为这些问题离职，对于管理者来说确实是很大的损失。这些新新人类的家长也会常和他们说："工作不要太累，不开心就回家，咱不干了。"因此，我们要学会控制情绪，避免矛盾，软化冲突。

第二个要点是关于权威。权威其实就是职位影响力。我给大家的建议是淡化权威，认可成绩。就像上一节给大家介绍的，淡化职位影响力，用好个人影响力。比如认可、鼓励下属，毫无保留地表现出对他的赞赏，增加这一类体现个人影响力的行为。因为他们最讨厌权力压制，面对权力压制，他们会表现出强烈的反感。

第三个要点是关于边界。人与人之间的交往很多涉及边界的问题。

首先是管理者自己的边界感。随着自我意识的增强，大家对于边界感越来越敏感。人际交往高手的边界感一定是很清晰的，哪些问题可以问，哪些问题不能问，哪些问题可以随着交往的加深逐渐增加了解，我们都要有非常清晰的界限。一般缺乏边界感的人，上来会问：

一个月挣多少钱？

有没有女朋友？

你父母是干什么工作的？

你家住多大房子？

你开什么车？

……

大家被问过这样的问题吗？听到这样的问题时，你是什么感受？

现在大部分年轻人会用这两句流行语来回答："关你什么事？""关我什么事？"当然我用的是比较文明的词语，实际上大家都清楚说的是哪个词，这就是现状。这说明了什么？说明大家目前对于这种越界的问题是深恶痛绝的。人们以前哪怕是不开心，也会避重就轻地一语带过，不会让你难堪。但是现在的新新人类有可能直接对你表示出不开心，不会给你留面子，即使你是领导。由此可见，管理者首先要能够控制好自己的边界感，然后循序渐进地对下属增加了解。

其次是这些新新人类自己的边界感。因为绝大多数"90"后和"00"后的生活条件都很好，边界意识往往不强，这就要求我们强化他们的边界意识，并且建立规矩。比如基本的时间观念、认真参与团队会议、进上司的办公室前要敲门等，这些边界和规矩是一个团队管理者必须要建立好的，因为这体现了团队管理水平。

我给大家举一个实际的例子。我在美国管理协会做咨询顾问时，有一次给一家香港公司的员工上课，课后与几位香港的客户共进午餐。现在一些比较好的餐厅，尤其是写字楼附近的餐厅，在上菜的时候都会给每一个盘子里放一双公筷或者一个公勺。香港的同事很注意这一点，他们会用公筷和公勺取餐到自己的盘子里，我也很注意这些细节，所以一定会用公筷。可是这次和我一起与客户用餐的一位"90"后销售人员，她没有注意到这一点，直接用自己的筷子去夹菜。如果你的团队中出现这样情况，你会怎么办？我想大部分人认为必须管。为什么呢？因为她的行为代表着团队的行为，也代表着公司的整体形象。她这样的行为一定会使公司的整体形象在客户心目中减分。尽管她不是我的直接下属，我还是用巧妙的方法提醒了她，主动用公筷帮她夹了菜，同时用眼神提醒了她。她意识到这一点后，再没有用自己的筷子夹菜。回去之后，我找到负责销售的领导，委婉地说了这件事情，但没有提具体的人，只是告诉他销售团队的这些细节需要加强管理，否则会影响公司的整体形象。这就是强化边界和建立规矩的一个典型例子。

　　总结一下对于"90"后和"00"后这些新新人类的管理。作为管理者，从冲突、权威和边界这三个要点出发，要注意方法，使"90"后和"00"后既能感受到被尊重，也能满足自己的心理需求，同时要给他们创造很好的空间让他们去自我实现。这样就可以最大程度地激发出他们内心的天使，让他们愿意开心地跟随你工作。

　　再次强调大前研一先生的话：

Sense is more important than knowledge.

感受比知识更重要。

# 第六单元
## 高效能经理人的时间管理

"要是我有更多的时间就好了。"几乎全世界的人都说过这句话。在成为管理者之后，时间是需要面对的一个巨大挑战。想想看，你在升职之前和升职之后的时间紧张程度有区别吗？升职之前作为个人贡献者，可能会有一些相对空闲的时间惬意地安排一些自己的事情。现在呢？成为管理者后，我们在工作中要协访辅导下属、赶项目进度、开会、交各种报告……生活中要照顾孩子、陪父母、学习提升能力，还想和另一半有一次浪漫的约会……各种各样的事情让我们几乎没有喘息的时间。

你有这样的感受吗？如何更好地管理自己的时间呢？时间管理是新晋经理人一定要面对的问题，因为有太多的事情需要去完成，我们经常感到时间不够用。有办法解决这些问题吗？一定有。我们观察到同样是管理者，有一些管理者无论职位多高、带多大的团队，都可以从容不迫、气定神闲地处理各种事务。可是有些管理者即使只有两个下属，也常常是手忙脚乱。这源于时间管理的能力不同。下面会分两部分介绍高效经理人的时间管理，帮助大家在日常工作和生活中能够做到有条不紊、从容不迫、气定神闲。

## 一、时间管理的核心

关于时间管理，著名的管理大师彼得·德鲁克曾经这样说过：

"时间是最稀有的资源，所有的工作，所有的成果和技巧，都需要使用时间。与其他的资源不同，时间不能被替代、不能增加、不能被购得，并且不能储存。"

这一节来学习高效能经理人如何有效地管理时间。为了增强大家对时间的感知，我在线下课上经常请大家做这样一个实验：

给大家5秒钟，在心里面默默地数数，从现在开始，看看自己数了多少个。正在阅读的你也可以试一下。

有人可能只数了5个，一秒钟一个；有人数得快一点，可能数了10个；甚至还有人可能数了15~20个。同样是5秒钟，大家取得的结果是不一样的。由此可见，面对同样的时间，每个人的感觉和掌握是不同的。时间管理是用科学的手段和方法，有效地进行时间计划安排与调整，以获得最高的效率，并保持自信。

其实，时间是我们无法管理的。事件，也就是事情和任务，才是我们管理的对象。

时间的流逝形成了历史，历史的英文是History，我们可以理解成"His story"，就是"他的故事"。故事是由一件一件的事构成的，因此从这个角度来讲，我们理解"时间管理"其实是"事件管理"。

我们应该知道要做什么事，把时间花到重要的事情上。时间管理是以目标为导向的自我管理。

时间管理的目的，不是让自己做更多，也不是让自己把事情做得更快，重要的是要在有限的时间中对事情做出取舍，做哪些，不做哪些，从而创造出最大的价值。

先确定具体方向，再确定何时做，何时做的意义在于了解紧急性。这两个结合起来，就是工作有效性的组成部分。方向一定比效率重要。

我们都听说过二八法则，80%的结果来自20%的活动，关键是我们能不能把这20%的活动找出来。找出来之后，再对事情进行优先排序，也就是按照事情的轻重缓急排序。在此提醒大家，如果事情发展到紧急的程度，那是我们不想看到的，因为它会打乱计划，影响事情在正常状态下的结果，而且交付质量会受影响，还会占据处理其他重要事情的时间。

我们面对的现实情况却是，刚刚提升的新经理人，似乎无法完全控制这一类紧急性事情的发生。我们的生活和工作中往往有很多紧急的事情——突如其来的电话、其他部门同事突然要找你说一件事情、突然接到某位客户的投诉等，都需要立刻处理。这些事情会给我们造成一些困扰，导致可利用的时间更少了。回到二八法则，分析出哪些事情是重要的、必须做的，就是我们决定工作方向的第一步。

除了以上这些，我们的日常工作中还会有一些行为影响效率，包括但不限于以下这些：

当别人请求你完成一项不适宜的任务或活动时，你不会说"不"；

参加非必要的应酬；

将大量工作带回家，但常常完不成；

很多"无用"的习惯，比如花半小时看八卦新闻；

在候车、候机时总是很焦虑，但除了等候什么也不做；

常常将工作延后处理；

许多工作都不能当场决断；

同时做好几件分量很重的事情；

不习惯在纸上记录和书写；

担心下属缺乏完成任务的能力，常把下属该完成的工作揽给自己。

这些影响效率的行为，在我们的工作中是否出现过呢？我想或多或少都有一些吧。

我们知道了时间管理的重要性，学会了区分重要性和紧急性，接下来告诉大家如何区分重要和不重要、重要的标准是什么、什么是紧急、紧急的标准是什么。了解了这些标准之后再管理时间、管理事件就很容易了。

## 二、时间管理四步法

这四个步骤分别是：

（1）了解自己的时间都去哪儿了；

（2）明确自己的角色和目标；

（3）计划和安排日程；

（4）避免干扰，逃离时间的陷阱。

**首先是第一步，了解自己的时间都去哪儿了。**

大家可以运用时间日志的方式来记录自己代表性的一天，看看从早上起床一直到晚上睡觉都做了哪些事情。这是帮助管理者开始时间管理的最佳方式。这就跟医生看病一样，必须先诊断再下处方。

在连续记录了几天的时间日志之后，大家可能会发现自己好忙啊。有的时候恨不得同时干几件事情：协访辅导下属；安排时间拜访重要客户；准备周末的会议；这几项任务还没有完成，却快要到交差的时间了；跨部门同事还有一些额外的事情要我帮忙；家里另一半给布置的任务还没有完成……真是忙得一塌糊涂！

我给大家展示一段忙碌的告白：

因为我们不知道究竟什么对我们最重要，

所以每件事好像都很重要。

因为每件事好像都很重要，

所以我们不得不每件事都做。

有些人看到我们每件事都做，

所以，他们期望我们什么都做。

每件事都做让我们非常忙碌，

所以我们没有时间去考虑，

究竟什么对我们最重要。

阅读完这段告白，对我们有什么启发吗？尤其是最后一句"究竟什么对我们最重要"，是告诉我们要明确地知道正确的方向是做重要的事情，不重要的事情可以不去做。再次强调：时间管理并不一定能让我们做得更多和更快，而是能让我们在工作中选择哪些需要做、哪些不需要做。

**接下来是第二步，明确自己的角色和目标。**

什么是角色？我先做一个关于年龄的调研：你目前年龄是20~30岁、31~40岁，还是40岁以上呢？我们一起来思考以下问题。

在20~30岁时，我们的时间都去哪儿了？上学、工作、恋爱、结婚、睡懒觉、生小孩、玩游戏、上网、打球等。

在31~40岁时，我们的时间都去哪儿了？养孩子、陪孩子、工作、赡养父母、做家务、学习、看美剧、旅游、看电影等。

如果现在请30岁以上的哥哥姐姐给20岁的人一个忠告，你会说什么？回顾自己20~30岁的时光，如果有个小后悔的话，会是什么？哪些事儿没做？哪些事儿做多了？哪些事儿做少了？什么样的事情会让你后悔？哪些是当时有能力且想做，却没有做的事情？

这些可以总结为两个字：角色。所有的事情都与角色有关系。

20岁：很少会提到"为人子女"这个角色，因为父母还年轻，身体都不错，所以我们不会太多地关注他们。如果这个角色缺失了，会造成什么结果？我们都听过这样一句话，"子欲养而亲不在"，其中的遗憾是没有过这种经历的人无法体会到的。

30岁：女性"自我""妻子"的角色最容易被忽略。我们身边有不少这样的女性：一心扑在孩子身上，基本失去了自我，也不是一个好妻子。也有不少这样的男士：一心扑在事业上，忽略了其他角色，可能不是一个好儿子、一个好父亲，也不是一个合格的丈夫。

如果对于角色理论没有很好的理解和应用，40岁之后很有可能会遭遇中年三大危机：婚姻危机、事业危机、健康危机……

人生总是充满遗憾，我们应该做些什么来避免遗憾的发生呢？

角色不能缺失，也不能相互替代，人们的幸福程度取决于自己所扮演的最差的那个角色，并搞清楚每个角色做到什么状态才是最理想的。

做好时间管理，重要的是盘点一下自己所扮演的角色，并为自己所扮演的角色加一个待办事项清单。在工作与生活中，我们要扮演不同的角色，而随着现代社会中工作与生活交织得越来越紧密，想要彻底区分将越来越难，大家有这样的体会吗？在我刚进入职场的时候，也就是2000年左右，很多人说自己下班没有办法看邮件，因为家里没电脑；没有办法接电话，因为没有手机；还有一个"00"后可能都没听说过的东西叫传呼机，打了传呼也没用，因为找不到电话回复。总之，有很多理由。

现在呢？各种工作微信群半夜都会有信息，可以在手机里的邮箱客户端随时查看邮件，我们已经没有办法给下班后不想工作找理由了。平衡好生活和工作中的各种角色能帮助我们管理好时间。

莎士比亚的作品中有这样一句话："全世界是个大舞台，男男女女只是演员；他们都有其退场和登场，人生在世扮演着多种角色。"我们来一起盘点一下可能会扮演哪些角色。在生活中，我们会是儿子或者女儿，也会是丈夫或者妻子，还会是父亲或者母亲；在工作中，我们可能是某一位专业技术人员，也可能是一位管理者等。我要提醒大家的是：千万不要忘了一个最重要的角色，就是"自我"。"自我"这个角色扮演得好坏，将会决定其他角色扮演得成功与否。

了解了角色的概念之后，下一步是要给各个角色制定目标。如何制定目标？可以遵循这样一个顺序：任何一个角色都有自己的使命（Mission）与愿景（Vision），它们决定着该角色的长期目标，而长期目标又影响着短期目标。

什么是使命？使命是一个角色存在的意义。比如子女这个角色的使命：让自己的父母幸福快乐。父母这个角色的使命：让自己的孩子成为心智健全、三观正确的人。管理者这个角色的使命：带领团队完成公司目标，帮助下属提升能力，打造学习型团队。

当然，每个人对于角色的使命可以有不同的理解和定义。

什么是愿景？愿景是一个角色未来的理想蓝图。比如子女角色的愿景：父母住在舒适的居所内，身体状况很好，精神世界丰富，有自己的社交和精神追求。父母角色的愿景：孩子思想成熟，对事情有自己的理解和看法，可以一起讨论并分享有深度的话题。管理者角色的愿景：团队成员五年后已经成功提升为不同部门的管理者，团队氛围积极向上，面对困难敢于迎接挑战。

由使命与愿景可以总结出每个角色的长期目标与短期目标。这是一个重要的思考过程，因为设定的目标就像灯塔，为我们指引着前进的方向。

思考目标的设定时，有几个要点供大家参考。

（1）可以问自己这样一个问题：这个角色在5年后达到什么状态就让自己心满意足、没有遗憾了？

（2）一定要先写长期目标，后写短期目标。

注意：短期目标有什么特点？是可被衡量的；对自己要诚实；是具体要做的事情，不是状态；有具体行动，不是愿望（符合SMART原则）。

（3）速度不重要，方向最重要。

我建议大家结合以下这个表格（表1–1）认真地思考，你将会有很多新的启发和收获（再次提醒大家不要忘记"自我"这个角色）。

表1–1　不同角色的长期目标与短期目标

| 角色 | 长期目标（5～10年） |
| --- | --- |
|  |  |
|  |  |
|  |  |
|  |  |
|  |  |
|  |  |

| 角色 | 短期目标（1年） |
| --- | --- |
|  |  |
|  |  |
|  |  |
|  |  |
|  |  |
|  |  |

在明确了角色与目标之后，我们就能找出20%的重要事情，这样对方向也会形成一个比较清晰的思路，并且能够充分考虑所有的重要角色，这点是经理人管理好时间的重中之重。接下来，我会结合时间管理矩阵这一工具，进一步细化重要和紧急的标准，以帮助大家管理好时间。

关于时间管理矩阵，就是按照事情的重要或不重要、紧急或不紧急分为四个象限：重要且紧急叫必要性象限，重要但不紧急叫领导力象限，紧急但不重要叫欺骗象限，不紧急且不重要叫浪费象限（图1–9）。

|  | 紧急<br>urgent | 不紧急<br>not urgent |
|---|---|---|
| 重要<br>important | I<br>必要性<br>necessity | II<br>领导力<br>leadership |
| 不重要<br>not important | III<br>欺骗<br>deception | IV<br>浪费<br>waste and excess |

图1-9　时间管理矩阵

　　了解了四个象限之后，我们先来做一个练习：如果你是一位销售主管，刚刚休假回来，早上到了办公室后面临以下事情，你会如何把这些事情分到上述四个象限中？

　　邀请总经理共进午餐（1~1.5小时）；

　　拟定下一年度媒体广告预算（2~3小时）；

　　处理积压过多的公文（1~1.5小时）；

　　与业务经理讨论上个月的业绩（4小时）；

　　处理急待回复的若干信件（1小时）；

　　浏览桌上堆积如山的医学杂志（0.5小时）；

　　为下个月的业务会议准备口头报告（2小时）；

　　据传公司某产品最近一批货的质量有问题，先进行了解（0.5小时）；

　　回复政策主管官员来电（0.5小时）；

　　参加下午两点召开的主管会议，但议题不明（1小时）。

　　比如第一条，有些人会把它归入紧急但不重要象限中，因为他们觉得跟总经理只是吃个饭而已，不是什么重要的事情；也有些人把它归到重要且紧急象限中，因为他们认为跟总经理吃饭是最重要的事情，可以有机会跟总经理进行沟通。由此可见，不同的人对每一件事情会有不同的判断，因此衡量重要与紧急的标准显得十分必要。

现在介绍一个判断标准，这对于时间管理是不可或缺的。以往大家学习时间管理的内容在这个标准呈现方面都有所欠缺，大家只知道重要与紧急，却不知道衡量它们的标准。

先来看重要的标准。

最重要的一条是投资回报率（ROI，return on investment）。假设有一小时的时间，你可以用于学英语，也可以用于学习目前正在进行的重要项目所涉及的技能。你认为哪一个投资回报率更高呢？这是一个相对的概念。

还有很多事情用投资回报率是不太好判断的，再给大家推荐三个标准。

第一个标准是要符合角色且无法授权。这与我们前面做的角色目标设定关联起来了。比如作为一名销售管理者，对下属的辅导符合我们的角色吗？符合。能授权吗？显然不能。拜访重要客户符合销售经理的角色吗？也符合。能授权吗？不能。这就是重要的。关于具体事项，比如举办一次销售活动的后勤安排、订酒店、安排会议用餐等，这些事情也符合管理者的角色，因为管理者要负责举办高质量的业务活动。不同的是，这些事情可以授权，因为它们不是重要的事情。生活中的角色也是这样，比如陪父母、陪孩子分别符合我们作为子女、父母的角色，都不可以授权，这就是重要的事情。

第二个标准是关于计划、筹备和预防性事务。计划的制订非常重要，比如做工作计划、学习计划等事务，它会指导我们下一步的具体安排，而合理的计划安排对于达到目标的作用不言而喻。筹备性事务也很重要，比如筹备一些重要的活动等。为了达到预期效果，必须做充分的筹备，筹备得越详细，活动取得预期效果的可能性越高。还有预防性事务，正如成语"未雨绸缪"表达的意思，做好预防工作以防止不好的结果发生。比如，提前修补好房子是为了预防下雨的时候漏水而遭受损失；每天锻炼身体是为了预防疾病发生等。

第三个标准是日积月累的，如人际关系的建立与维护以及个人能力的提升。刚才谈到的与总经理吃饭属于重要的人际关系维护。这是重要的事情，因为在职场中的发展、管理等都与人际关系维护息息相关。从长远看，个人能力的提升也很重要，这就要求我们必须考虑每天应该安排多少时间用于学习。

将以上几点结合在一起，就能够帮助我们区分是否重要。

紧急的标准相对比较简单：非常紧急，就是今天必须完成；紧急，就是要求短期内完成；不紧急，指可以推迟但不会造成严重后果的事情。紧急的标准与具体事情也是具有一定联系的，因为它涉及时间单位。比如日常工作，时间单位是小时或者天。

有了重要和紧急的标准之后，我们可以把日常工作和生活中的事情放到四个象限中，就像下面给大家呈现的这张时间管理矩阵图（图1-10），中间的线是区分重要与否的标准，我们要做线上的事，要少做或不做线下的事。

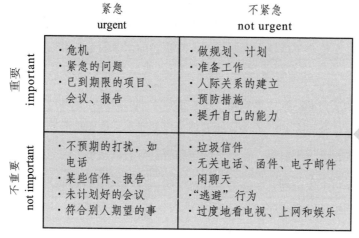

图1-10  日常工作和生活的时间管理矩阵

高效人士的时间分配，第一象限会占20%~25%的时间，因为他们无法避免一些突发情况的出现，所以要预留一些时间；他们一定会把65%~80%的时间放到第二象限；第三象限还会留一部分时间，可能小于15%；至于第四象限，要小于1%，即基本上不放时间在这里（图1-11）。

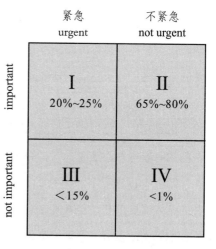

图1-11  高效人士的时间分配

### 小技巧：如何拒绝别人？

通过时间管理矩阵，我们发现应该把自己的关注点放在重要的事情上，尽量少做甚至不做不重要的事情。因为时间管理的核心是事件管理，所以会遇到一个问题，就是别人要把一些你不愿意做的事情交给你，碍于面子，该怎么办呢？接了这些事情吧，对自己而言不重要，还会浪费自己的时间；拒绝吧，又担心会让别人难堪。所以非常纠结。大家有过这种困惑吗？为了解决这个问题，我给大家讲一个小技巧。

我们一定要明确，凡是不符合前面几条重要标准的就是不重要的事情，应对的态度一定是拒绝的，只是需要一些技巧。

这个技巧叫作"拒绝别人的时候要给对方一个选择"。

为什么要给对方一个选择？其实更多的是照顾别人的感受。大家是否还记得大前研一的那句话："感受比知识更重要。"

大家对于感受的关注度都在迅速上升，自我意识不断增强，要想与别人和谐相处，关注别人的感受非常重要。我们都有过这样的经历，当你向别人提一个要求的时候，别人直截了当拒绝你，或是给你提供一些选择并愿意和你多说几句话，你的感受会一样吗？大部分人会觉得有选择会让自己心里舒服些，感受好些，哪怕这个选择面很小。具体该怎么运用这些小技巧，我给大家举几个例子。

隔壁部门小张找到你说："请把这个任务表格需要的数据整理一下发给我好吗？"

你根据重要的标准判断出它不是重要的事情，所以应该拒绝。没有任何技巧的拒绝是这样的："抱歉，我手头的工作太多了，这也不是我的职责，我做不了。"

小张："啊……"

小张会是什么感受？肯定觉得这个人拒绝得太直接了，好尴尬。

有技巧的拒绝可以这么说："抱歉啊，我手头的工作太多了，实在忙不过来，你看我这里有一些上次整理的数据报告，我先把它发给你做参考好吗？"

这么说，小张会不会感受好一些？

还有别的说法：

"抱歉啊，我手头的工作太多了，实在忙不过来，你看你们部门的哪位同事能帮你解决一下？"

"抱歉啊，我手头的工作太多了，实在忙不过来，最近两周都排满了，你要是不着急就下周五来找我好吗？"

"抱歉啊，我手头的工作太多了，实在忙不过来，要不你找一下我们领导看看他能否重新安排一下工作任务？"

同样是被拒绝，小张的内心感受会不会好一些？不同的说法会影响你们之间的和谐关系以及将来在其他方面的合作。

再举一个生活中有意思的例子：借钱。

一个许久不打交道的朋友突然找你："最近手头紧，有重要的事情，能借我一万块钱吗？"

直接拒绝是这样的："没有，我也没钱。"

你俩都陷入尴尬中……

有技巧的拒绝可以这么说：

"最近我也有困难，要不然你试一下某互联网金融产品应个急？"

"最近我也有困难，要不然先凑一千块给你？"

关于如何拒绝别人，我再强调一点，用给别人一种选择的方式来拒绝是一个技巧，属于"术"的层面。从更深层次的"道"来看，其实最重要的还是"诚信"。如果我们平时将诚信做得很到位，比如表里一致、谦逊、坚持原则、敢于担当，那么即使技巧差一点也不会影响我们在他人心中的印象。如果一个人平常的诚信就很差，用再多的技巧也没有用，反而会让别人更加反感。

这句话与大家共勉：有道无术，术尚可为；有术无道，止于术。

角色与目标完成之后，哪些是重要的事情就得到了明确。

**下面可以进行第三步，安排每天的时间计划。**

在一天的时间里，什么时间要做什么事情，我们可以提前分配。因为我们已经将重要和紧急区分得比较清楚，所以可以结合周计划和日计划把具体的事情落实到每个时间点。

为了更有效地制订周计划，我给大家明确两个概念，分别是任务和约定。任务的特点是时间具有灵活性，可以根据具体情况安排，而且可以把大任务拆分成小任务，再进行时间的分配。比如我们要完成某项报告、一些学习任务等，都可以拆分安排。约定的特点是时间具体而特定，到时间一定会发生，不会改变。比如要参加的会议、约好的客户拜访、朋友聚会等时间性很强的事情。

了解这两个概念的区别可以帮助我们更好地分配时间。约定的时间已经被占据，这个时间插不进去任何事情。而没有被占据的时间，我们可以把任务进行分解，灵活地安插到可以利用的时间里。

推荐一个周计划模板供参考（表1-2），帮助大家制订有效的周计划。

表1-2　周计划模板

| 每周计划（第　周　年　月　日－　月　日） | | | | | | |
|---|---|---|---|---|---|---|
| 上周的成绩 | 星期一 | 星期二 | 星期三 | 星期四 | 星期五 | 周末 |
| | | | 今日工作重点 | | | |
| | | | | | | |
| | | | | | | |
| | | | | | | |
| | | | | | | |

| 角色 | 设定目标 | | | | 工作/约定/会议 | | | |
|---|---|---|---|---|---|---|---|---|
| | | 时间 | 周一 | 周二 | 周三 | 周四 | 周五 | 周六 | 周日 |
| | | 8:00 | | | | | | | |
| | | 9:00 | | | | | | | |
| | | 10:00 | | | | | | | |
| | | 11:00 | | | | | | | |
| | | 12:00 | | | | | | | |
| | | 13:00 | | | | | | | |
| | | 14:00 | | | | | | | |
| | | 15:00 | | | | | | | |
| | | 16:00 | | | | | | | |
| | | 17:00 | | | | | | | |
| | | 18:00 | | | | | | | |
| | | 19:00 | | | | | | | |
| | | 20:00 | | | | | | | |

上面的周计划表格可以按照以下步骤使用。

（1）回顾上周的成绩；

（2）回顾长期/短期角色目标，写出本周的具体目标；

（3）回顾日程上的预约事件（比如安排好的会议、陪同家人等），并将"约定时间"用斜线画在表格内，表示这个时间段已被占据，无法插入任何其他事件；

（4）对本周的工作任务进行拆分，相当于把"大石头"拆成"小石头"；

（5）将工作任务分配至每天，将"小石头"安排进没有被占据的空白时间段。

这样的周计划表格，可以帮助我们将生活与工作中的不同角色有机地结合在一起，做到思路清晰、从容不迫地协调生活和工作中的各个角色，使所有目标有条不紊地顺利完成。

**最后一步，过滤不重要和浪费时间的活动。**

我们可以借助三个问题来过滤掉不重要和浪费时间的活动。

第一个问题：这件事情完全不做会怎么样？如果没有什么影响，那它是不重要的。

第二个问题：在我的待办事项中，哪些是由他人来做一样会做好的？这是可以授权的。符合角色且可以授权的事项一定要授权，比如一些数据的统计工作可以授权给团队中的某位同事去做。

第三个问题：我是否在浪费他人的时间，没有创造效益和结果？

在思考过这三个问题之后，将不相关的事情统统屏蔽掉，比如电话干扰、一些电子邮件、未事先约定的访客，以及一些没有必要的会议等。

以上是关于时间管理方面的内容，希望大家能够充分运用这些工具和方法，勤于思考，不断练习，让自己摆脱"忙、盲、茫"的状态，成为一个能够从容掌控时间、实质是"掌控事件"的高手。

第一章的内容到这里就结束了，从个人贡献者到团队管理者的角色转换是每一位管理者的必经之路，这种转换首先是对自己的认知和心态的调整，其次是行为的转变，通过这些赢得人心，取得团队成员的支持，才可以持续取得高绩效。希望这一章的内容能给大家带来启发和帮助。

# 第二章
## 优化绩效的管理

在第一章学习了角色转换之后，现在我们要进入第二章的学习——优化绩效的管理。在这一章，我会帮助大家了解绩效管理的循环，从年初的绩效目标设定到年底的绩效评估，从而掌握高绩效的管理技巧。

为什么绩效管理如此重要？对一名管理者而言，绩效的达成毫无疑问是最重要的。毕竟团队氛围再好、授权再有效、成员状态再好，如果最终绩效不理想，管理者也是无法被认可的。本书后面介绍的授权、激励、辅导等技能，都是取得理想绩效过程中的手段和方法。在学习这些手段和方法之前，管理者首先要掌握绩效管理的概念、绩效管理的循环，以便更好地了解绩效管理，帮助我们达成绩效。

什么是绩效管理？绩效管理是一个包含绩效计划、绩效监控、绩效评价和绩效反馈四个环节的闭环系统。绩效计划非常注重管理者和下属的互动式沟通和全员参与，因为这些沟通和参与能帮助管理者与下属在做什么、做到什么程度、怎么做等细节上达成共识。

共识意味着什么？共识意味着"我不一定同意，但是我可以支持这个决定"。为什么达成共识如此重要？因为达成共识，工作的开展就会变得顺利。

每次设定的绩效目标，大家都完全同意吗？很多时候不一定。但是通过管理者的沟通和下属的参与，可以让彼此达成共识，大家共同朝着绩效目标努力，最终获得成功。结合我们的工作经历，在年初的时候我们是否都会和自己的经理一起完成绩效目标计划设定？如果我们作为经理，也会和自己的每一位下属完成这个过程并达成共识吗？你会让下属参与整个沟通过程，还是像布置任务一样简单说完就结束了？一定要注意，这是一个双向过程，因为这是绩效管理的第一步。

接下来进入绩效监控阶段。在这个阶段，管理者主要承担两项工作：一是采取有效的管理方式明确下属的行为方向，通过持续不断地双向沟通，了解下属的工作需求并为其提供必要的工作指导；二是记录工作过程中发生的关键事件或绩效数据，为绩效评价提供信息。

在这个过程中要不断地应用授权、激励、辅导与反馈等技能，这可以帮助我们进行有效的绩效监控。比如在日常工作中看到下属的方向策略出了问题要立刻介入监控；当看到下属的一些好的行为或不好的行为也要立刻介入监控。

在这个过程中，我们还要进行绩效评价和绩效反馈。绩效评价是指根据绩效目标设定时所约定的评价周期和评价标准，由绩效管理的主管部门选定评价主体，采用有效的评价方法，对组织、部门及个人的绩效目标完成情况进行评价的过程。

绩效反馈是指在绩效评价结束后，管理者与下属通过绩效反馈面谈，将评价结果反馈给下属，并共同分析绩效不佳的方面及其原因，制定绩效改进计划的过程。

绩效反馈在绩效管理过程中具有重要的作用，它是绩效管理过程中的一个重要环节，也是一个正式的绩效沟通过程。我们在日常工作中随时随地都可以进行绩效反馈，也可以约定每周或者每月的一个固定时间来进行绩效反馈。绩效反馈是帮助员工产生优秀表现的重要条件之一。通过绩效反馈，员工可以了解管理者对他的评价和期望，从而不断地修正自己的行为；管理者也可以通过绩效反馈了解员工的绩效水平并指出工作中存在的问题，从而有的放矢地对其进行激励和辅导。

在每个绩效考核周期的最后还要完成一次正式的绩效评估谈话，高水平地完成和不同下属的绩效谈话对于管理者而言是一项挑战。我至今也忘不了第一次和下属进行绩效谈话的场景，尤其是和绩效不达标的下属面谈的场景。因为这些评估结果会影响下属的年终奖金以及工资涨幅等重要结果，所以这些对于管理者而言是有很大压力的。

下面这张绩效管理的循环图可以帮助大家进一步理解绩效管理的要点和过程（图2-1）。

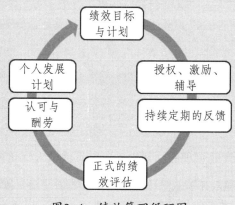

图2-1　绩效管理循环图

这是绩效管理的一个完整循环。只有了解了这个过程，掌握了这些重要的技巧与方法并熟练运用，才能达到管理的最终目标，持续地保持高绩效。

这一章内容会将这个循环中的具体技巧分四个单元展开，包括经理人的责任、如何制定绩效目标、日常工作中如何监控、如何有效地完成绩效评估谈话。

# 第一单元
## 经理人在绩效管理中的责任

我们在了解了绩效管理的循环之后，接下来进入优化绩效管理的系统学习。我们首先从经理人在绩效管理中的责任开始学习。一名管理者必须要了解团队绩效管理中有哪些重要责任，因为它会时刻提醒我们要按照这些责任来开展工作，让我们始终保持正确方向。

### 1.要选对人

在组建团队的时候，管理者首先要选择正确的人到自己的团队中。这个人的基本价值观要与团队价值观相符，价值观不一致是很难长期在团队中工作的。举例，现在你的团队正处于发展期，目前需要大家多奉献，着眼于未来，不能太计较眼前的得失，可是某员工的价值观是立刻有回报，最好按件取酬，那这个人就不是对的人。

其次要考察这个人的专业能力。在组建团队的时候需要哪个专业人才也是需要考虑清楚的，比如团队需要的是创意思维，那要选择有想法、有创意、做事情不拘一格的人才；如果团队专业性要求较强，那么一定要选择专业能力突出的人。

最后要考虑性格匹配度。你的团队需要哪种性格的人，比如与人打交道多的团队就要人际敏感度高性格的人，流程性强的团队就需要按部就班、非常沉稳做事专心性格的人。

### 2.将合适的人放在合适的位置

将合适的人放在合适的位置，这取决于管理者对员工的了解程度，要想使员工的能力、性格特点、成熟程度等方面与现在的位置相匹配，这就需要运用到前面介绍的管理者三大职责。我一再向大家强调必须增加对人的关注，把人放到不合适的位置一定会出问题。

### 3. 明确对员工的工作要求

这些工作要求包括工作目标、内容、标准以及期望的结果。在年初设定绩效目标的时候就要把这些相应的内容详细描述出来，并且要不断地沟通确认，确保员工对于布置的工作是非常了解的。因为在日常的工作中，我观察到有些管理者对工作的要求是模糊的，又因为自己的沟通方式不正确，造成员工不敢过多询问，只会闷着头去干，干不好又被领导骂一顿。这样长期下去，整个团队的绩效一定不会好。

### 4. 及时表扬员工的优异表现，赞美员工的成就

在绩效管理的过程中，员工一旦有优异表现或取得成就的时候，要第一时间给予表扬和认可，这样员工就会不断地重复自己的这个良好行为。

### 5. 关心员工，并且要以身作则

对员工的关心要发自内心，不是虚情假意的关心。员工一定能感受到你是真关心还是在敷衍地表演。"注意身体""多喝热水"……这些是发自内心的关心吗？大家会有自己的判断。

管理者还要以身作则，这是对管理者的基本要求，要求别人怎么做，首先自己要做到。你要求大家不迟到，结果你经常迟到；你要求大家开会时不许接电话，结果你自己跑出去煲电话粥。尽管都是小事情，但是如果不能以身作则，对于以后进行有效的绩效管理绝对是有害的。

### 6. 及时地给予反馈帮助员工成长

当看到员工在实际工作中出现了一些问题或遇到挑战的时候，我们要及时反馈，通过寻找一些相应的资源来帮助员工成长。

### 7. 进行绩效评估

要想进行一次成功的绩效评估，准备工作是非常重要的，包括数据信息的收集、日常辅导的记录等，在做好这些准备之后才可以与员工进行绩效评估。

### 8. 追踪并记录员工的工作成果，并且要赏罚分明

管理者一定要做到该赏的就要赏，该罚的就要罚。否则就会让团队成员产生一种错误的认识：干好了也得不到认可，干得不好也得不到惩罚。"领导就

是一个和稀泥的高手"，这样的印象对于管理者个人影响力的提升有非常大的杀伤力。

### 9. 对纪律问题做出直接和一致的回应

制定好规则之后就要做出直接和一致的回应，千万不能因人而异。对你比较喜欢的下属睁一只眼闭一只眼，对你不喜欢的人就异常严格，这样也会对个人影响力造成很大的负面影响，从而影响团队的绩效。

### 10. 必要时要解雇员工并进行离职面谈

在任何一名管理者的成长过程中都离不开这一个环节。在你的管理生涯中一定会遇到这样的情况，对于绩效长期无法达标的员工，要及时解雇他并且进行离职面谈。如何顺利地完成这一过程，对管理者个人影响力的积累是一个重要的考验。前面介绍过很多管理者要注意的行为，以此来帮助我们树立个人影响力以及建立信任。如果平常做得比较到位，那么在解雇员工进行离职面谈的时候可以做到好合好散。当然，我们也会遇到许多报复行为，有告状的、有群发邮件的、有要举报公司的，还有更夸张的人身威胁，总之闹得是鸡犬不宁。每当听到这些的时候，我的第一反应都是他的直线领导在日常管理过程中一定有一些做得不到位的地方。要想避免这类情况的出现，就需要对我们管理者日常的行为提出更高的要求。

以上十条是一名管理者在绩效管理中必须要承担的责任。承担得越充分、做得越到位，就越有利于长期健康地完成绩效管理，使团队始终保持高绩效。

## 第二单元
## 绩效目标与计划

在这一节，我将给大家介绍绩效管理的第一步：绩效目标与计划。其包括绩效目标计划的内涵以及如何有效地制定出绩效目标。

## 一、绩效目标计划的内涵

绩效计划是指当新的绩效周期开始的时候，管理者和下属依据组织的战略规划和年度工作计划，通过绩效计划面谈，共同确定组织、部门以及个人的工作任务，并签订绩效目标协议的过程。绩效计划是绩效管理的第一个环节，也是绩效管理成功实施的关键环节。我们可以通过以下两个要点对绩效计划的内涵进行深入理解。

### 1. 实现组织的战略目标是绩效计划的目的

绩效管理的战略性集中表现为绩效管理实践要体现并支持组织战略，具体到绩效管理的绩效计划环节，就是要将组织的战略目标转化为组织层面、部门层面和个人层面的绩效目标，使每个员工的工作行为和结果都能够有效地促进组织绩效的持续改进和提升。因此，绩效计划的目的是确保部门和每个员工的绩效目标与组织的战略目标协调一致。确保绩效计划与组织战略目标相一致，一般是在组织的使命、核心价值观、愿景和战略的指引下制定绩效计划来实现的。

以我工作过的制药公司所处的行业为例，我们所在的业务单元或者部门是如何承接这些战略的，要通过什么策略让哪一类患者从我们的治疗方案中获益？向下是区域层面会举办哪些具体活动，让所在区域的多少位患者使用公司的产品或者治疗方案？再向下到地区经理的团队，最后落到每一位销售代表，要通过举办多少场活动、覆盖多少位目标客户来实现自己的绩效目标。这都是在战略方向一致的情况下逐级分解的，而下一级绩效目标一定是上一级绩效目标的支撑。

### 2.绩效计划面谈是绩效计划的重要环节

前面说过，这个面谈绝不是简单的布置任务。绩效计划面谈是管理者与下属就绩效计划进行的双向的、全面的和持续的沟通。通过绩效计划面谈，管理者与下属就绩效目标、指标和评价标准进行沟通，从而达成共识并共同确定行动计划。

绩效计划面谈是一个双向沟通和全员参与的过程，管理者和下属需要对此进行深入了解。

传统的目标制定通常是由最高管理者制定总目标，然后将总目标依据组织结构层层分解，是一个单向的制定过程。现代企业绩效管理中的绩效计划强调互动式沟通，需要管理者和下属共同参与绩效目标、指标、目标值和行动方案的讨论和确定。也就是说，在这个过程中，管理者和下属双方都负有责任。

在这个双向沟通的过程中，管理者需要向下属解释和说明以下几个问题：

（1）组织的整体目标是什么；

（2）为了完成整体目标，本部门的目标是什么；

（3）为了实现组织整体目标及各部门目标，你对下属的期望是什么；

（4）制定了怎样的工作标准；应如何确定完成工作的期限。

下属需要向管理者说明的问题包括：

（1）自己对工作目标和如何完成工作的认识；

（2）自己对工作的疑惑和不理解之处；

（3）自己对工作的计划；

（4）在完成工作的过程中可能遇到的问题和需要的帮助等。

管理者在整个绩效计划面谈过程中扮演着十分重要的角色，是部门绩效计划工作的责任人。制订绩效计划要求管理者掌握相关的职位信息，而直线经理最了解每个职位的工作职责和各职位在绩效周期内应完成的各项工作。由他与下属沟通并制订绩效计划能保证计划符合现实情况，具有灵活性，且有利于部门内部人员之间的合作。员工的参与是绩效计划得以有效实施的保证。

目标设置理论指出，员工参与制订计划有助于提高员工的工作绩效。社会心理学家认为，人们对于自己亲自参与做出选择的投入程度更高。这样既能提升目标的可执行性，又有利于目标的实现。就像我们常听到的一句话"从要我做到我要做"，这样带来的主观能动性绝对是不一样的。

因此，管理者在制定绩效目标和绩效标准时，要尽可能多地让员工参与进来，共同制定具有挑战性的目标，通过员工目标的实现来实现组织目标。另外，绩效计划不仅要确定员工的绩效目标，更重要的是要让员工了解如何才能更好地实现目标，了解组织内的绩效信息沟通渠道，了解如何才能得到来自管理者或相关人员的帮助等。从这个意义上讲，绩效计划面谈更离不开员工的参与。

还要再强调一遍，这个面谈绝不是简单的分指标要求下属接受的过程，在日常工作中经常见到有些领导将这个面谈变成了简单粗暴的分指标、接指标。要想让这个过程更加有效，大家一定要按照刚才介绍的方法去认真思考、准备，再与员工双向沟通，最终达成共识。在这个过程中，要求你对区域业务有所了解，对客户、竞品也要十分了解以及明确你制定的策略是什么。这是绩效管理的第一步，我们要对自己提出更高的要求才能更扎实地迈出重要的第一步，给高绩效带来良好的开端。

## 二、制定绩效目标

了解了绩效目标与计划的概念以及制定绩效目标的两个关键要点之后，接下来学习如何有效地制定绩效目标。

如何有效地制定绩效目标？我将会从以下三个方面为大家做详细说明：目标管理的概念、设定目标的SMART原则、企业的目标分解。

### 1. 目标管理的概念

要想有效地制定绩效目标，首先要了解什么是目标管理。大家普遍认为目标天生就是不合理的，因为它是对未来的预测。业务计划管理要解决目标与资源是否匹配的问题，这就是我们为什么要制定业务计划的原因。谈到这里，我不禁想起了在做销售培训经理时的一次有趣的经历。

　　某一年的年初，我和总经理约了时间准备讨论今年整个公司的培训计划。正当我们讨论的时候，一位销售总监敲门进来。他进来之后，我想着我是不是要先出去，等他们谈完我再继续。结果总经理表示没关系，让我稍等一下。于是我就坐在那里听他们的对话。因为彼此都非常熟悉，所以也没有太多要避讳的。

　　因为是年初，其实我想这位总监一定是来跟老板谈指标的事情。果然，他确实是来跟老板抱怨指标太高，完成不了。其实公司的目标沟通过程已经结束了，总经理还是很耐心地和他沟通并且用辅导的方式告诉他有哪些方面还可以做得更多、更好，需要什么样的资源总经理都会全力地支持他。

　　这个销售总监当时不知道是因为压力太大还是什么情况，还一直不停地抱怨指标高，这样困难、那样困难的。直到最后总经理被逼的实在没有办法了，就说了这么一句话："老张，如果你觉得困难这么大的话，还有很多人愿意挑战这个指标，你要不要考虑考虑给别人机会？"

　　话音刚落，我看到这位销售总监的脸色立刻就变了，变得非常尴尬，脸涨得通红。大家能想象到当时的场景吧，空气都要凝固了。

　　这位总监立刻停止了唠叨式的抱怨，说了一句："好吧，把话都说到这份上了，那我回去努力工作吧，你答应我的这些资源一定要支持给我啊！"然后他就出去了。

　　总经理转过头看了我一眼说："唉，我实在是太无奈了才说出来这句话，其实他不知道如果不定这个指标，可能公司的运营就会出现困难，他根本不了解公司的整体战略是什么，为什么会制定这样的销售指标。"

　　我给大家分享这个故事的目的是想告诉大家，我们往往都认为指标高，目标有挑战，这其实很正常。如果能站到公司的层面上去思考，就会了解公司的策略和方向确实需要定这么高的指标，而跟老板沟通和争论这个指标高低其实是没有任何意义的。我们在这个时候首先要做的就是争取资源。如果被分配了两千万的指标，按照现在的策略方法以及现有的资源，只能做一千五百万，还差五百万怎么办？现在我们就要制定策略，找到匹配的资源，是人员方面还是其他的一些费用活动的支持方面等。争取到这些资源之后，我们可以完成目标与资源的匹配，实现那些看似不合理的目标。永远不要跟老板去讨论目标的合理性，我们需要做的是让他给更多的资源支持。好的管理者，一定是勇于挑战目标，同时寻求资源，只有做到这些的管理者才是思维层次高的管理者。

在了解了这个观点之后，现在给大家分析一下目标管理是如何产生的。目标管理的英文是management by objective（MBO），是彼得·德鲁克（Peter F. Drucker）于1954年在其名著《管理的实践》❶中最先提出的。

目标管理是以目标为导向，以人为中心，以成果为标准，而使组织和个人取得最佳业绩的现代管理方法。目标管理指导思想是以Y理论为基础，即认为在目标明确的条件下，人们能够对自己负责。它与传统管理方式相比具有鲜明的特点，可概括为以下三个方面。

（1）重视人的因素。人是最重要的生产力，因此从管理的角度来讲一定要重视人，这一点在前面的内容中已经反复强调过，在此不再赘述。

（2）建立目标锁链与目标体系。目标管理是通过专门设计，将组织的整体目标逐级分解，再转换为各单位、各员工的分目标。从组织目标到经营单位目标，再到部门目标，最后到个人目标。在目标分解过程中，权、责、利的关系明确，而且相互对称。这些目标方向一致，环环相扣，相互配合，最后形成协调统一的目标体系。只有每个人员完成了自己的分目标，整个企业的总目标才有完成的希望。在这里又再一次凸显出了层次的重要性。

关于组织中的权、责、利，我想给大家详细介绍一下，因为我发现在实际工作中很多组织在这方面都存在一些问题。

我们都在组织中工作，组织为什么存在？我想告诉大家的是，组织就是为了完成目标而存在的。因此，目标锁链与目标体系的相互支撑、协调统一才会如此重要。在这个体系中，我们一定要保证权、责、利三者关系明确、相互对称。换句话说，就是组织中每一层级、每一个体要有相应的权利来对应相应的责任，同时明确利益分配。可是在许多组织中却存在大量不对称的现象：承

---

❶ 彼得·德鲁克.管理的实践[M].齐若兰，译.北京：机械工业出版社，2019.

担了责任却没有相应的权利，亦或是掌握着相应权利的人却不用承担相应的责任；承担着重大责任的人却利益很小或者没有利益，而只承担一点责任的人分配到了超出责任的巨大利益。这些现象的存在一定会影响个人、组织的目标达成。

（3）重视成果。目标管理以制定目标为起点，以目标完成情况的考核为终结。工作成果是评定目标完成与否的标准，是人事考核和奖评的依据，也是评价管理工作绩效的唯一标志。至于完成目标的具体过程、途径和方法，上级并不需要过多干预。所以，在目标管理制度下，监督的成分很少，而控制目标实现的能力所占的比重很大。

关于目标管理是否能够取得相应的成果，也就是目标的完成情况，我问大家一个问题：如何看待有些员工在没有取得成果的情况下说"我没有功劳也有苦劳"这句话？如何看待"功劳"和"苦劳"？

不同的管理者可能会有不同的看法，我和大家分享一下我的个人看法：在组织中没有实现目标成果的"苦劳"是没有任何价值的。听起来有一些不近人情，但是大家认真思考一下，如果员工的确很辛苦，但总是无法实现目标成果，这种"苦劳"有意义吗？他对组织是没有贡献的。目标管理是帮助我们检验成果的手段，只有实现成果的"功劳"才是对组织有价值的。

关于目标管理的重要性，再给大家分享一个我的个人感受。

一个组织是否值得全身心地投入工作，只需要看目标、权利与责任是否清晰地划分就够了。如果你目前所处的组织，目标、权利与责任划分得非常清楚，那么祝贺你，这首先具备了一个优秀组织的必要条件，是一个值得工作的好地方。如果这个组织目标不清晰，责任与权利混乱，人浮于事、相互推诿责任，我劝你尽快离开，一点时间都不要浪费。因为在这种组织里不但无法取得进步，还会对个体心态带来负面影响。如果在目标、权利、责任划分清晰的同时，这个组织还能照顾到员工的感情、兴趣与爱好，那么这几乎是一个完美的组织，绝对值得全身心投入。

前面这个观点同样适用于我们对于组织与家庭的思考。工作中的组织绝对是以目标、权利与责任为先，而家庭则讲的是感情、兴趣与爱好。这就是我们常听到的一句话"家是讲情的地方，不是讲理的地方"。这也是为什么我不太认可在组织中推行"家的文化"的原因。举个简单的例子，孩子长期成绩不达标，你能开除他吗？显然是不可能的。还有一个例子，有一次我去杭州给一家公司做领导力培训，那家公司的人力资源主管反复给我强调他们公司就是大家庭文化，董事长都会给员工做饭，非常亲密。我也见到了他们的创始人，确实非常友善。但是在公司发展很快的情况下，从一二十人迅速发展到了两百多人，管理开始出现很多问题。部门间相互推卸责任，有能力的员工纷纷离职，大家都感到很头疼。为什么大家庭式的管理方式会失去作用了呢？我在和他们的沟通过程中谈到了目标管理，同时谈了我对目标、权利和责任以及感情、兴趣和爱好的看法。他们都觉得很受启发。其实只要做好目标管理，做好责、权、利的划分与平衡，就可以把他们的问题解决一大半。

在培训课程中，我用这个概念阐述了我对于"Loser"的理解，大家都觉得很有意思，在这里我也分享一下。

生活中有很多"Loser"，之所以会这样，就是他们把刚才谈到的两个概念完全搞反了。在家里面耀武扬威，和自己的另一半每天都大谈目标、权利和责任：你应该干什么，没达成什么目标；这些就是你应该干的事情；我为这个家承担了多大的责任等。到了工作单位却开始谈感情、兴趣和爱好，从来不想着如何提升能力，承担更大的责任，完成更高的目标从而给组织带来更大的价值，而总是想通过感情、兴趣和爱好来取得别人的认可及职位的提升等。大家身边有这种人吗？我们也可以反思一下自己，有则改之，无则加勉。

以上就是目标管理的概念和要点。再次强调的是：我们在做任何事情的时候都必须先要设立目标，目标相当于一个灯塔，它指引着我们前进的方向。

目标管理这个概念不但适用于绩效目标设定及管理，同样适用于我们生活中的方方面面。比如减肥、健身、学习某项技能，我们都需要设定相应的目标，才能够让自己沿着这个方向不断前进。举个健身的例子，每次游泳，如果给自己设立了一个目标，比如今天要游1500米，那么在接下来的过程中按这个计划进行，最终就可以完成这一目标。如果不设立目标，想着就下去游吧，尽自己的最大努力。你会发现可能游了800米或1000米的时候，已经觉得很累，就早早结束了今天的游泳训练。

目标管理就是要明确现状，确定如何实施，做到多少才能完成目标（图2-2）。一个良好的目标设定会指导我们的行动，不断地向目标前进。

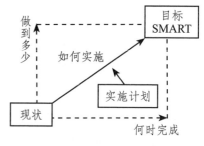

图2-2　目标管理流程

### 2. 设定目标的SMART原则

如何有效地设定目标呢？接下来给大家介绍SMART原则。

为什么大部分人在目标设定上会出现问题？因为多数人设定的不是目标而只是想法。很多人都有这样的经历，想法很多，但是为什么最终还只是一个想法，而没有转化为实际行动？如果连实际行动都没有，就更不要想着目标能否实现了。

实现目标分为两步，第一步是增加期望程度，第二步是运用SMART原则设定目标。

首先来看一下不同的期望程度对目标的达成有什么影响。

如果期望程度只有20%~30%，那只能称为空想。比如有的时候我们会突发奇想，我要学吉他，我要一年看三十本书，我要学会几样新的技能等。最终，我也只是想想，根本没有采取任何行动，所以很快就忘记了。我们是否都有过这样的经历呢？

当期望程度到了50%的时候，这时的我们会付诸行动了，但只要遇到困难就会退缩，十有八九不会成功。比如我想要学吉他，也买了一把吉他，还买了几本新手入学的书，结果弹了之后发现挺难，手指好疼，练了一两周之后也没什么进步，最后放弃了。

当期望程度到了70%~80%的时候，这时已经到了很想要的程度。所以我们会付出努力也会克服困难，但还是容易放弃。

当到了99%的期望程度，这时已经到了非常想要的程度。所以你会非常努力，虽然在关键时刻没有排除万难、坚持到底，但成功的概率已经大大提高。

当期望程度达到100%的时候，就会不惜一切代价，不达目的不罢休，只有这样才会成功。

当期望程度达到100%之后，如何达成目标？这就是第二步，设定目标的SMART原则。

之所以一些期望值很高的愿望没有实现，就是因为我们没有用SMART原则将它们设定为目标。我把目标设定用"SMART化"来形容，目标设定得越"SMART化"，越能帮助我们实现目标。

什么是SMART原则？

第一是Specific，即明确要达成的结果和要求，一定要非常清晰。

第二是Measurable，即目标一定是具体的、量化的，是可以衡量的。

第三是Attainable，即目标可达成，且具有挑战性。

第四是Relevant，即关联性，所有内容都是为大目标或者大方向服务的。

我要给大家说明一下，关于"A"和"R"有一些不同的解释，有时候"A"会被解释为Achievable或者Action oriented，"R"会被解释为Reasonable等。但是基本意思差不多，就是既要可达成，又要有些挑战，还包含相关性或者行动导向。

最后是Time bound，要设置时间限定。

如何理解SMART原则？我借用一个减肥的例子来解释一下。

"我要减肥。"符合SMART原则吗？一条都不符合。

"我要在今后的两个月内通过增加锻炼减肥。"是不是多了一个时间限定？"增加锻炼"也符合Specific的部分要求，明确了具体的原则，但只是部分符合。

"我要在今后的两个月内通过增加锻炼减肥30公斤。"目标明确，也可具体衡量了。问题是对普通人来说，减肥30公斤这个目标不太能实现，除非极特殊的情况。

"我会在今后的两个月每天锻炼60分钟，减肥1公斤。"这个更加符合要求，已经出现每天锻炼60分钟、减肥1公斤的目标。为什么女生们都喜欢在第二天早上称体重？因为早上称体重会比前一天晚上轻一些，所以这个目标没有任何挑战性。

"我要在今后的两个月每天花60分钟，慢跑5公里，减肥5公斤。"这样描述是不是从明确清晰，到具体可衡量，最后到可达成，而且有一定的挑战性。相关性是为了健康或者保持好身材，还有时间限定。这就符合了SMART原则的目标设定。

大家可以看到，如果用这样的方式设定目标，就能够直接指导接下来的行动。因此，一个良好的目标设定可以直接指导行动，通过行动的改变实现目标。为了让大家更清晰地看到SMART目标设定指导行动的优势，接下来做一个有趣的小练习来帮助大家理解什么叫作符合SMART原则的目标设定。

如果在你居住的小区里，你对一位异性一见钟情，为了追求她/他，请为自己设定一个SMART目标。

请大家认真思考一下，你会设定一个什么样的SMART目标呢？注意，这个目标一定要能够指导行动。

我给大家说一些在线下课中经常见到的答案。有很多同学会把它设定成一个阶段性的目标，这当然没有错。从刚开始要微信，到后来发展为可约出来吃饭看电影，再到相互之间确定关系，最后结婚。这是阶段性的目标，而每一个阶段性目标都符合SMART原则。

还有一些比较有意思的答案和大家分享一下。

"我要在接下来的5秒钟之内，通过主动打招呼的方式要到对方的微信。"这个目标怎么样？是不是符合SMART原则？更重要的是它能否直接指导接下来的行动？看上去是可以的。

"我要在接下来的一周内，通过每天在这个时间段蹲守以及跟踪的方式，了解到她具体的住址信息。"这个好像也符合SMART原则，并且可以指导行动。

大家有没有发现目标设定的越符合SMART原则，越能够指导接下来的行动。

回到自己的工作和生活中，你是如何设定目标的呢？符合SMART原则吗？能指导具体行动吗？要想取得能力的提升，首先要做的事情就是设立目标，在目标的指引下带来行为的改变。同样，在绩效管理中的目标设定是第一步，更重要的是接下来的行动。

引用爱因斯坦的一句话来描述只有想法没有行动的表现：

Insanity: doing the same thing over and over again and expecting different results.

精神错乱是：每次都做同样的事，却期待不一样的结果。

### 3. 企业的目标分解

了解了目标管理的概念和SMART原则之后，我给大家介绍设定目标的第三部分内容——目标分解。

在企业的目标管理中，目标设定是目标管理在整个绩效管理循环中的第一步。在目标设定之后，要想达成目标，必须要将责任清楚地归划给适当的人员。这包括要明确定出高层主管或项目主要推动人所需要承担的责任，给出标准与指标，最后层层定出每个相关人员的责任。

我给大家举一个实际案例，1994—2001年，朱利安尼担任纽约市长期间，他是如何推动项目进展取得高绩效的。

在朱利安尼接任纽约市长之前，纽约市就像个腐烂的大苹果，每周的大小刑事案件高达一万件，每年的凶杀案约两千件。但八年之后，凶杀案降低了七成，整体犯罪率约减少了65％。朱利安尼是如何取得如此辉煌成绩的？事实上，他设计了一套奖惩分明、具有客观评量指标的警务责任系统，在打击犯罪事件的过程中起到了不可磨灭的作用。

这套简称警务责任系统的犯罪防治机制，是以统计学方式来分析地区的犯罪情况和犯罪手法，同时用图表方式来计算警务人员的执法效率与执法数量。它采用了一套计算机系统来监测犯罪率，记录每一个街区犯罪率的上升和下降情况，清楚规划上至高层领导，下至普通警员，每个人需要负责的事项。板上钉钉的数字使得那些警员不能再用"我能怎么办"这样老掉牙的托词为自己开脱责任，各级官员责权分明，各司其职，让打击犯罪这件事情避免落于口号。这套系统也给予了最熟悉当地犯罪情况和环境的地区执法人员更大的权限和执法空间，因而更有效地减少了犯罪数量。

朱利安尼由此摸索出治理市政之道，进而要求其他市政单位根据自己的业务性质和工作的实际情况，建立具有实质意义的评估和绩效指标，全面实行"整体效率责任管理系统"。他提出四项原则：

（1）定期收集资料，力求精确，且至少每周更新；

（2）针对机关核心目标，设计20～40项有关工作表现的评估指标；

（3）至少每周开会一次，安排完整议程，确定出席官员；

（4）各机构至少列举10项最具代表性且有待改善的指标，在市政府的网页上定期公布。

这一套治理之道的核心在于找到各单位完整恰当而且实际可行的评估指标，确立每日、每周、每月各自应尽的职责，并由主管带头负责推动。朱利安尼说："这项方案的主旨在于建立责任感与参与感，让各机关领导与高层官员亲自规划，避免感觉这是被上级逼迫的苦差事。"他还指出："这套模式的优异性，就在于每一个事实都可成为依据。即使先前的规划者离职之后，无论哪位主管上台，萧规曹随，照样运作顺畅。"

这个案例在目标管理、绩效考核方面给了大家哪些启发？

第一个启发是在设立了绩效目标之后，一定要将责任落实到人。大家都是管理者，在整个管理的过程中一定会有一些需要相互合作来完成的项目。在合作的项目中，能否将每一项具体责任都落实到相关的责任人非常重要。我们都听说过一个词叫作九龙治水，而九龙治水带来的结果就是谁都不负责，因为没有绩效，所以不会成功。当你认为每个人都要对这个结果负责的时候，其实相当于每个人对结果都不负责。这样无法推动绩效管理循环向前推进，一定会影响绩效的结果。我们在大街上经常看到一些标识牌，上面标明"街长"是谁，有名字和联系电话，这些都是将具体责任落实到人的表现。

第二个启发是绩效管理过程中上级与下级一起讨论制定的目标更容易被执行，而不是简单的上级布置工作任务。朱利安尼的这句话充分说明了这一点："这项方案的主旨，在于建立责任感与参与感，让各机关领导与高层官员亲自规划，避免感觉这是被上级逼迫的苦差事。"由此可见参与目标设定的重要性。

了解了目标落实到人、上下级都需要参与目标设定之后，下面给大家介绍企业目标是如何纵向分解的，其中有什么逻辑关系。

管理者需要有更高的思维层次，能够站在超出自己职位所在的思维层次高度来全面地考虑问题，这会帮助我们更好地理解企业目标与团队中个人目标之间的逻辑关系，有利于我们对团队绩效管理循环的理解和执行。

我们来看企业的使命与愿景。任何一家企业都应该有自己的使命与愿景。

所谓使命，其实就是企业存在的意义和价值。在制药行业来看，大部分制药公司的使命是给人类的健康带来相应的价值和服务，让患者通过优秀的药品改善生活质量，使身体更加健康。当然，不同公司的表述方式可能不太一样。愿景，就是企业为将来发展描绘出的一幅蓝图。

使命与愿景决定着企业的发展方向，因此有了企业长期的目标。比如说十年后，我们要在某一个治疗领域提供多少种治疗方案？产品可以帮助多少位患者？帮助他们实现什么样的生活状态？由这个长期目标产生了企业的年度目标。为了实现长期目标，今年要做什么？今年要上市几个新产品，这些新产品能够治疗多少位患者，给多少位患者带来价值？为了实现这个目标，把它分解为各部门的目标。市场准入团队要做什么，其目标是这个新产品在什么时候上市。市场部的目标是今年要让哪些专家的治疗观念得到什么样的改变？销售部的目标是有多少位患者今年要使用我们的新产品等。

这些部门的目标汇总起来，就可以实现企业年度目标的完成。每个部门的目标再往下分解，就分解为个人工作目标。举个例子，销售团队今年的目标是有2000名患者使用某个产品，分配到每一个人的年度目标就是小李要完成200个患者，小张要完成300个患者，小王要完成400个患者，等等。

这个纵向分解能够帮助我们理解目标是如何层层分解的（图2-3）。从下往上看，个人的工作目标合起来构成部门目标，部门目标合起来构成企业的年度目标，企业的年度目标支撑着企业的长期目标，企业的长期目标又支撑着企业的使命与愿景。从这个角度来理解目标的纵向分解，对于提升我们的思维层次与格局是有一定帮助的。

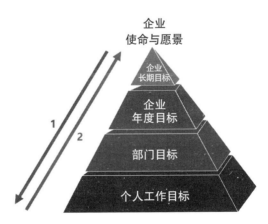

图2-3　目标的纵向分解

再来从另一个维度分析一下目标的纵向分解，也就是层级间的目标与策略的关系（图2-4）。从企业到职能部门再到执行团队，他们的目标有什么关系呢？

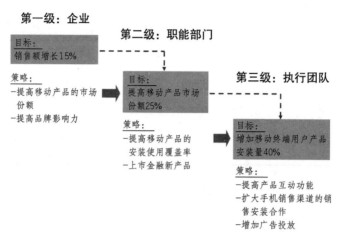

图2-4　目标的纵向分解：层级间的目标与策略的关系

通常来讲，上一级的策略会形成下一级的目标。从上面这张图可以看到，企业今年的目标是销售额增长15%。企业的策略是希望提高移动产品的市场份额以及品牌影响力。向下一级到了职能部门，比如说销售部，就会把上一级的策略转化为销售部的目标，上一级的策略是提高移动产品的市场份额，销售部的目标就是要提高移动产品市场份额25%，以支持企业的策略。如何完成这个目标就形成了销售部的策略，即提高移动产品的安装使用覆盖率和上市金融新产品。根据这个策略形成了执行团队的目标。其目标就是要增加移动终端用户产品安装量40%，才能够支撑销售部的策略。执行团队的目标又会产生自己的策略，是提高产品互动的功能、扩大手机销售渠道的销售安装合作以及增加广告投放。接下来，这个策略会促使执行团队生成具体的行动计划。

我们通过这两种方式了解了企业目标的纵向分解，可以得出一个结论：目标管理，对于企业层面来讲就是把目标由上到下一层一层地分解。这个顺序是不能打乱的，因为上一级的目标方向和策略会指导下级的目标方向和策略，层层支撑。顺序绝对不可以颠倒，否则会出现严重的混乱。我在一些中小企业做咨询项目的时候，发现这样一种现象，就是管理者自己都不清楚自己的目标，他却要求自己的下属做目标设定，下属也一头雾水，瞎写一通，这样的目标管理怎么能够保证企业有好的绩效结果呢？显然不可能。

# 第三单元
## 绩效管理的日常行为

在前面的内容中介绍了绩效目标与计划的基本概念，以及如何做好目标设定、目标分解等内容，让大家从整体上了解绩效管理。在这一部分中将介绍管理者在整个绩效管理的循环过程中几乎每天都要做的事情，就是绩效管理的日常行为。

绩效管理日常行为的重要性不言而喻，如果管理工作只需要通过年初绩效目标设定再加上年底的绩效评估就可以完成的话，那么这份工作也太简单了。要想在绩效管理的循环中取得良性进步，实现绩效的螺旋式上升，就要求管理者在日常的工作中付出足够多的努力。

### 一、授权激励和辅导

在本书有关角色转换的内容中介绍了管理者的三大职责，分别是完成任务以及支撑完成任务的两个职责——建设团队和发展下属。其实后面两个职责与人相关的事情是我们在绩效管理循环中每一天都要做的日常行为。它的一切核心基础来自人，也就是我反复强调的成为管理者之后，我们必须对人要有足够多的关注。

我曾经经历过一些领导在布置完任务之后会说一句话："我不管你怎么做，我只要结果！"还有一些更夸张的，比如我见到有一位销售总监是这样做的：平常的绩效管理行为做得非常不到位，该授权的不授权，辅导技巧也不好，只会批评和指责下属。每次在一个绩效考核周期要结束的时候，就开一个电话会，强行要求大家多进货，目的是为了完成指标。当大家表示有难度的时候，他会强行要求必须完成，甚至会这样说："你可以比这个数字多，多了我没有意见，但是不能比这个数字少。"大家可以想像一下，如果你的领导不顾实际情况，简单粗暴地用这样的语气和方式说出他的要求，你的内心会是怎样的感受？我想感受一定很差。即使大家用一些非常规的手段完成了一个绩效周期的目标，但是业绩一定不会长久。大家遇到过这样的领导吗？这样的领导能够带领团队长期完成指标吗？显然是不行的，即使有时候因为运气好完成了任务，也无法长期健康地实现高绩效。

由此可见，绩效管理的日常行为非常重要。这些日常行为由以下事项组成：

第一是授权。因为在绩效目标设定之后，管理者有一些工作需要授权给下属，有些授权是为了提高团队的效率，还有一些授权是为了提升员工的某项能力。在这个过程中，我们还要完成对整个团队以及个人的激励，让团队和个人都在良好的氛围中开展工作。

第二是辅导。辅导可以说是管理者无时无刻不在进行的工作。大家可以想想自己，策略型辅导进行得怎么样？技巧型辅导进行得怎么样？辅导的心态如何？我们是以教练的心态还是以裁判的心态来判断下属的对或错？辅导是通过问出有效问题的方式引发下属的思考还是像唐僧一样啰嗦个没完？

关于授权、激励与辅导，本书在后面的内容中会作详细介绍。

第三是反馈。管理者要持续及定期地给予下属反馈。我们和下属会不会有固定的两周一次或者一个月一次的一对一沟通？这是一定需要的。除了正式的沟通，每天还要就各种事务进行随时随地的沟通。在沟通过程中就下属的策略以及技巧，都要给予及时反馈，因此熟练地运用正向反馈以及纠错反馈的技巧，是管理者必须掌握的基本技能。

反馈贯穿在管理者每天的管理行为中。员工做得好，我们要鼓励他；员工有问题，我们要纠正错误，因此反馈能力的高低一定和管理能力相关，最终都会影响团队绩效。

接下来就反馈的两种类型展开介绍。

## 二、正向反馈

反馈主要分为两种，正向反馈和纠错反馈。先给大家介绍一个概念——行为模式库。我们的反馈都是基于行为模式库这个概念展开的（图2-5）。

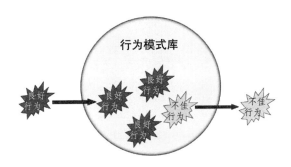

图2-5　行为模式库

任何人都有自己的行为模式库，这里面包含着一些良好行为和不佳行为。每个人在工作和生活中都会出现这两类行为。我们举例帮助大家了解这两类行为。孩子按时睡觉、见了长辈主动打招呼、睡前刷牙等是良好行为，而不按时睡觉、见了长辈不打招呼、饭前便后不洗手等是不佳行为。工作中，下属按时完成任务、给同伴积极的反馈、关键时刻敢于担当等是良好行为，反之则为不佳行为。正向反馈就是希望通过激励某个行为，把这个行为固定到行为模式库里。纠错反馈就是希望通过反馈，把这些不佳行为移到行为模式库外，最终期望行为模式库中都是良好行为。给大家强调一点，下属的行为有时候可能会非常细微，可能小到一个表情、一个与客户或者同事在一起时帮助对方的动作，比如帮对方挡了一下电梯门，不尊重服务员的恶劣态度等。管理者一定不可以因为这个行为很小就不对它进行反馈。因为行为决定习惯，我们学过这一句"勿以善小而不为，勿以恶小而为之。"

再举个经常见到的例子。我们在表扬孩子的时候，通常会对孩子说"你真棒！"你认为这是一个好的正向反馈吗？有人会说："不是的。"为什么？因为这句反馈没有告诉孩子哪里棒，他只是受到了一个表扬而已，心里也许会开心一下。从给出反馈的角度出发，我们希望激励一个良好行为，让这个良好行为留在行为模式库中。因此，向大家强调一点：任何反馈一定要基于行为出发，无论是正向反馈还是纠错反馈，只有落在具体行为之上的反馈才是高质量的反馈。

要想完成一次高质量的正向反馈，分为以下四个步骤：

第一步，表达赞扬或感谢；

第二步，描述观察到的具体行为；

第三步，说明这个行为带来的积极结果和影响；

第四步，肯定行为背后的特质或能力。

我们举一个日常生活中的简单例子，来感受一下用这样的方式给予反馈和以往的普通方式区别在哪里。

孩子今年五岁了，非常乖。今天你下班回到家，孩子特别贴心地主动倒了一杯水送了过来。

如果按照以往反馈方式会怎么说呢？大部分人可能会这么说："哇，谢谢宝贝儿，你真乖，知道心疼妈妈了。"也有些家长可能简单地说："你真棒啊，谢谢。"

如果用上面的四步法，该怎么说呢？大家可以先在心里想一想，是不是应该这么说：

第一步，表达赞扬和感谢："谢谢你，宝贝儿。"

第二步，描述观察到的具体行为："妈妈下班回来，你倒了一杯水给妈妈端过来。"

第三步，说明这个行为带来的积极结果和影响："妈妈内心感觉特别温暖，感觉到你特别爱妈妈。"

第四步，肯定行为背后的特质或能力："这说明宝贝儿真的是一个特别有爱心、特别懂得心疼人的孩子。"

大家回忆一下反馈的目的，我们的目的是希望良好行为能够留在行为模式库中。如果用这两种不同方式给予反馈，你觉得哪一种反馈方式会让孩子重复这个行为的可能性更大呢？显然是后者。

再来举一个工作中的例子。

你是一名销售经理，今天陪同下属罗宾去拜访一个重要客户。这是个新客户，你们是第一次拜访。这个客户非常挑剔，他一会儿抱怨说你们公司不重视他，一会儿又说你们的产品太老土。罗宾一直在耐心地解释，可对方还是不停地抱怨。对方听到罗宾多说两句的时候，就显得不耐烦。尽管客户这样，罗宾仍旧非常冷静，并给客户进行了非常专业的解释，处理得比较妥当。最后，客户还是比较满意的。

你该给罗宾一个怎样的积极正面的反馈？

试想一下，如果没有用激励反馈四步法，可能我们会说："你今天的表现真不错啊！"罗宾听到后会想，我究竟是哪里表现不错呢？他希望得到一个更加明确的关于行为的反馈。我们也按照这四步来练习一下。

第一步，表达赞扬和感谢："罗宾，你今天在拜访这个重要客户的时候，表现得非常好，非常出色。"

第二步，描述观察到的具体行为："我观察到这个客户非常挑剔，而且有的时候会很不耐烦，不过你一直保持着冷静，而且表现得非常专业，还很耐心地给他做了关于产品的各种解释。"

第三步，说明这个行为带来的积极结果和影响："这样，客户对我们的服务会非常满意，给我们与这个客户以后的合作带来了非常积极的影响。"

第四步，肯定行为背后的特质或能力："这说明你的情绪控制能力非常强，并且非常专业，继续加油！"

如果你是罗宾，你会对哪种反馈的印象更加深刻，并且能够重复这样行为的可能性更大呢？

这就是正向反馈带给我们的帮助。

正向反馈练习

下属名字：_____

第一步，表达赞扬或感谢：

_____

第二步，描述观察到的具体行为：

_____

第三步，说明这个行为带来的积极结果和影响：

_____

第四步，肯定行为背后的特质或能力：

_____

## 三、纠错反馈

这一部分介绍有一些挑战性的纠错反馈。因为正向反馈让人听起来很愉悦，所以相对来讲比较容易表达出来，技巧或者步骤上的要求相对较低。纠错反馈就不一样了。纠错反馈是针对对方一个需要改进并要移出行为模式库的行为进行反馈。如果纠错反馈技巧运用不当或者不太关注人的感受，可能会给彼此之间的融洽氛围带来不好的影响，不但达不到纠错反馈的效果，还会影响两个人之间的和谐关系，所以纠错反馈的环境以及步骤非常重要。

纠错反馈也分为四个步骤：

第一步，描述具体行为及客观事实；

第二步，讲述该行为对组织或其他人的影响；

第三步，讨论想要达成的目标或结果；

第四步，征求建议及解决方案。

下面就这四步给大家做一个详细讲解。

第一步，描述具体行及客观事实。反馈一定是针对行为来进行的。因为只有清楚客观地描述出了观察到的行为，对方才会认可。这确实是客观事实，而不是感觉或感受。一定要避免使用"我感觉""我认为""你总是"等这一类主观感受的词语。

第二步，讲述该行为对组织或其他人的影响。和前面的正向反馈一样，仅仅描述客观事实给对方思想上的影响力度是不够的，而讲述出对组织或他人的影响之后，就会让对方意识到行为会带来的后果。如果不讲述这个影响，对方有可能意识不到这些后果，这就会造成思想认识深度不够。

第三步，讨论想要达成的目标或结果。从这一步开始就要特别注意了。因为从这一步开始，你不可以只单纯地采取说的方式了，而是要通过提问的方式来呈现。为什么不能只说呢？我们都有过这样的经历，当别人在和你谈一件事情的时候，你感觉他们在不停地说，但是你好像什么都听不进去。在本书最后一章"迈向卓越的辅导"中有一个有意思的概念，叫作"唠里唠叨"式的辅导，就是不问任何问题，只是自己不停地说，其实对方早就不想听了。大家在看到最后一章的时候可以结合纠错反馈这部分内容一起理解。在纠错反馈的过程中，第三步和第四步都是要通过提问的方式来呈现。因为通过提问，会让对方的大脑真正运转起来，进而思考是不是存在这方面的问题，需要做出哪些行为上的改变。第三步的目标是要让对方产生自我觉察力（self-awareness），通过自己的思考找出问题所在。

第四步，征求建议及解决方案。第四步同样采用提问的方式，让对方主动思考需要做出什么样的行为改变，而不是灌输给他，这样会让他更有责任感。

纠错反馈的第三步和第四步的问题该如何问，是需要技巧的。问得好，可以让对方产生高质量的思考，同时自己想出具体的行动方案。

我给大家举一个工作中的例子。小李最近两次会议都迟到了，就这个行为给他进行一次纠错反馈。

第一步，描述具体行为及客观事实："小李，最近我们的两次会议，我观察到你都迟到了。第一次迟到了15分钟，第二次迟到了20分钟。"

这是客观事实，所有人都看到了，他自己也知道。我们就是描述客观事实，而千万不能说"你总是迟到"这类的语言。

第二步，讲述该行为对组织或其他人的影响："因为你的迟到，给整个会议带来了不好的影响，也影响了其他同事的工作节奏与工作安排。"

通过描述对团队不好的影响，进一步加强反馈对象对问题严重性的认识。

第三步，讨论想要达成的目标或结果。大家注意，现在开始提问了，而不是唠叨："你一定不能迟到啊，迟到对大家的影响很大，所以说下次开会一定不要再迟到了。"

我们千万不能用这样唠叨的方式。该怎么问呢？我们可以问小李："你觉得我们在公司工作，参加会议有什么行为上的标准吗？"

如果你是小李，听到这个问题之后，在比较轻松的氛围下，你会怎么说呢？你是不是会说："我觉得首先要准时，另外在会议过程中要全情投入，不要开小差。还要做好会议记录，以便于我们去执行会议上达成的一些共同的计划。"

这就是用提问的方式，让对方自己产生自我觉察力。他经过自己的思考，描述这些标准的同时，知道自己在哪些方面可能做得不合适了。

第四步，征求建议及解决方案。这时你可以接着提问："小李，你说的非常对，下次开会，和前两次比，你的做法会有什么不一样吗？"

小李自己会说："首先我要做到不迟到，因为这个迟到确实给整个会议和我们团队带来了一些不好的影响。"

大家看，这完全是他自己想出来的解决方案，而不是你告诉他的。

区别在哪里？你告诉他的解决方案，他执行的可能性会比较小。这个方案是他自己想出来的，执行的可能性会大很多。第四步的问题问得好，可以让被辅导对象产生责任感。责任感是让行为产生改变的关键原因，因为内驱力是最重要的。如果被辅导者没有内驱力与责任感，只是别人告诉他要怎样做，他改变行为的可能性会比较小；他即使有一两次行为的改变，也会很快变回原样，很难发生本质的变化。

按照纠错反馈四步法进行，不佳行为从行为模式库中被移除的可能性会大很多。

在纠错反馈过程中应注意以下四点：

第一点，正向积极，态度真诚。大家应该清楚，纠错反馈绝对不等于批评。批评更多的是情绪上的表现。纠错反馈是正向积极的，希望通过这种反馈方式改变对方的不佳行为，从而影响结果。这就要求我们注意语音语调与肢体语言，让接受反馈的对象感受到积极与真诚，这是纠错反馈的基础。

第二点，注意环境。在反馈的过程中只要涉及纠错反馈，最好是在一对一的场景下进行，因为我们要照顾被辅导者的面子及感受。

第三点，及时。为什么要及时？主要有两个原因：第一，因为需要纠错反馈的这些行为，或多或少已经对工作带来了一些不好的影响，所以及时地进行纠错反馈，可以更早地减少这些不佳行为，及时止损。第二，在纠错反馈的时候，如果看到对方有不佳行为，但是没有及时反馈，而是把所有问题记录下来，最后合在一起和他算账。这会出现什么问题呢？对方的感觉一定是这样：这个人真是阴险、狡诈、可怕。我一定不能跟着这样的领导工作，这也太恐怖了。如果我们不想给别人留下这样的感知，在看到对方有一些不佳行为的时候，就要及时地给予纠正。对方对你的感知是正向的、积极的，认为你是一个表里一致的领导，自然愿意和你多交流沟通。

第四点，积极正面。纠错反馈一定是积极正面的，不是批评对方，而是期望通过反馈使他的行为有所改变，这也是辅导的初衷。

请大家结合工作实际情况进行练习。


纠错反馈练习

下属名字：_____

第一步，描述具体行为及客观事实：

_____

第二步，描述该行为对组织或其他人的影响：

_____

第三步，讨论想要达成的目标或结果：

_____

第四步，征求建议及解决方案：

_____


总之，绩效管理要想形成良性循环，绝对不是年初简单地给下属布置任务，中间什么也不管，到了年底进行绩效评估就行了。要把授权、激励、辅导以及持续定期的反馈贯穿在每一天的工作中，针对所有的下属把这几项基本技能运用到位。这些事情做得越充分，下属在年终绩效评估的时候达成高绩效的可能性越高，团队绩效自然也会越高。

在介绍了如何做好日常工作之后，下面再介绍一下如何有效地进行绩效评估。

# 第四单元
## 绩效评估谈话

　　这一单元进入整个绩效管理循环中的最后一环，也是非常重要的一环，就是绩效评估。请大家回忆一下，你的领导和你做过正式的绩效评估面谈吗？如果有，你认为这次绩效评估的面谈起到了什么作用？你自己内心是如何看待绩效评估面谈的？

　　我们在工作的时候，最关心的是和自己切身利益相关的内容，因为这是人的本性，包括收入、升职、各种福利待遇，还有更重要的个人成长，因为个人成长是前面那些关键利益点的基础。总之，凡是和个人利益相关的内容，都是每个人最关心的。我们希望通过和领导沟通交流探讨这些话题。

## 一、绩效评估谈话的意义

　　绩效评估面谈就是下属可以直接和自己的领导对话，听取领导对下属工作的反馈，指出还有哪些方面可以继续提升，促进下属全面发展，有助于下属的成长。我自己在工作的时候，非常期盼年底有这样一次正式的机会，可以和自己的领导面谈关于自己的各种事项。因为大家平常谈的基本是与工作相关的事情，而真正涉及员工个人问题的概率可能不会很高。不知道正在看书的你是否和我有同样的感受？

　　现在换一个角度。下属对于绩效评估谈话有很高的期望，他期望用这次绩效评估谈话的机会，与管理者沟通关于个人发展以及与各项利益相关的问题。

　　我建议管理者一定不能只靠每年一次的绩效评估谈话和下属谈个人成长与发展的相关问题。这些问题在日常工作中通过反馈、激励、教导的形式可以完成。年底的这一次正式的绩效评估谈话，是把所有问题进行一个很好的汇总，帮助员工树立下一年绩效目标的方向。作为管理者，我们要能够从下属的角度出发，考虑到他们在这方面的期盼和需求，认真对待绩效评估谈话。

绩效评估的定义是什么？绩效评估是一个过程，可帮助员工及管理者专注于计划好的工作目标，其结果会影响员工的收入、待遇及升迁。绩效评估是围绕着绩效目标和计划而设定的，从这个角度出发，一起回顾这些工作目标哪些达成了，哪些没有达成？达成或没有达成的原因是什么？围绕这些内容进行一次系统性的总结。带着这些问题去和下属进行坦诚、充分的沟通，找出做得好的经验以及有哪些需要提高的地方，给下一轮绩效管理的循环指出清晰正确的方向。

## 二、失败的绩效评估谈话

我曾经听过一些绩效评估谈话的失败案例，现在给大家分享一下，看大家是否经历过或者听说过。

第一种：不让下属说话。就像一次总结批斗会，不给下属说话的机会，只是一味地指出问题。然后说，今年的绩效评估是C，工资涨幅2%，谈话就结束了。有一些下属参加完绩效评估之后直接选择离职。这当然是很糟糕的情况。

第二种：让下属说话了，但是沟通氛围无比尴尬，几乎都要吵起来。因为领导只是指出下属这样或那样不好。下属非常生气，认为自己受到了不公平的待遇，气氛越来越僵，再谈下去可能会打起来，这种谈话也很失败。

第三种：让下属先说，但是在下属说的过程中，领导敲着电脑，一副心不在焉的样子。你会是什么感受？你会觉得领导根本不重视你，他只是让你说，但根本没有认真听。如果这个领导平常表现很差，再加上这样的不尊重行为，我相信人心里的恶魔就会被激发出来。这种谈话只会更加失败。

除了以上三种，还有很多失败的例子，就不一一列举。这些都是错误的绩效评估表现。

我们了解了绩效评估的重要性，也看到了很多绩效评估失败的例子。如何进行一次有质量的绩效评估谈话？接下来我将从绩效评估前的准备以及绩效评估中的要点出发，介绍可以帮助我们完成有质量的绩效评估谈话的方法和技巧。

### 三、绩效评估谈话前的准备

只要准备工作做得充分，就可以帮助我们完成高质量的绩效评估谈话。

关于这些准备工作，有六点需要我们注意：

（1）事前让员工明白绩效评估事项以及系统的运作方式；

（2）让员工准备绩效评估，准备方式与你一样；

（3）收集资料和信息，决定面谈时的讨论主题；

（4）准备文件表格以及做书面记录准备；

（5）提前与员工约定面谈的时间；

（6）安排一个有助于绩效评估的环境。

下面就各个要点作详细说明。

第一点，在绩效评估之前让员工明白绩效评估事项以及系统的运作方式。我们在年初进行绩效目标设定的时候，可以和员工讲清楚，并且保证团队中的每一位成员都了解绩效管理是一个循环。从年初的绩效目标设定，到日常工作中的反馈、辅导、激励、授权，一直到年底的绩效评估谈话，要让员工清楚整个系统是怎样运作的，并且清楚每个人的绩效目标是如何设定的，团队成员的绩效目标支撑起团队的绩效目标，每个部门的目标支撑起公司的年度绩效目标。

第二点，让员工准备绩效评估，准备方式与你一样。绩效评估前要准备哪些内容？围绕着年初设定的绩效目标，回顾一年中每一项工作做得怎么样，哪些达成了，哪些没有达成。围绕目标所做的具体工作都需要成员进行回顾。管理者也要就员工在这一年的表现做相应的回顾。

第三点，收集资料和信息，决定面谈时的讨论主题。完成回顾之后，哪些资料和信息是需要提前准备的，管理者心中要有一个明确的列表。针对某位员工在这一年的工作表现，哪些行为是值得肯定的，要给予充分的认可，尤其是要指出员工哪些方面是需要提高的，指出的这些需要提高的方面是以客观情况为依据，而不是谈感觉。

第四点，准备相应的文件表格以及做书面记录准备。我们在做正式的绩效评估之前要准备好相应的数据表格，还要做一些书面的记录准备。哪些方面值得认可，哪些方面需要继续提升，观察到的现象、事实等，这些都需要形成书面记录。

第五点，提前与员工约定面谈的时间。为什么一定要提前约定？如果你认为这是一个非常重要的事项，就应该至少提前一周和员工约定时间，让员工也有一个相应的准备时间。这样，他也会感觉这是一件非常重要的事情，所以领导才会预约他的时间。提前预约也会给下属一种非常受重视的感受。

第六点，安排一个有助于绩效评估的环境。大家也许参加过一些这方面的培训，告诉大家绩效评估面谈最好不要在办公室进行，一定要去咖啡厅。我个人认为这不是绝对的，重要的是要以我们的目的为出发点。之所以有些培训会说一定要去咖啡厅，目的是为了创造一个良好轻松的沟通氛围和环境，让员工的心情放松，这样彼此才能够坦诚沟通。在办公室、会议室或者咖啡厅都可以，关键是能否创造出良好的沟通氛围。氛围好，员工愿意敞开心扉。能达到目的就是合适的环境，只要是有助于绩效评估，具体地点没有那么重要。当然，外部环境还是要考虑的，相对正式一些的场合有助于大家增加重视和认真程度，千万不能选择在大街上或者很吵的餐厅，这些地点都不合适绩效评估面谈。

以上六点是绩效评估前要做的准备工作。大家如果想要进行一次有效的绩效评估面谈，请按照以上六点认真准备吧。

## 四、绩效评估面谈中的要点

接下来学习绩效评估面谈的具体步骤，有四个要点分享给大家：

（1）有一个气氛融洽的开场白；

（2）讨论员工的工作表现、鼓励员工自我评估，客观审核员工过去的工作成果；

（3）肯定高绩效表现，明确地指出员工有待改进的地方，双方就评估的结果达成共识；

（4）确立员工未来的发展机会及目标，鼓励员工，获得承诺。

**第一个要点，有一个气氛融洽的开场白。**

为什么要气氛融洽？我给大家介绍一个在任何沟通场景中都必须注意的要点，叫作安全氛围。安全氛围像是一种温度，我们在沟通的时候都会有这样的感觉，当这个温度处于比较热的时候，两个人都会敞开心扉，彼此坦诚地交流。注意，这个安全氛围有可能被破坏掉，比如沟通对象感到不被尊重、遇到压力等的时候，这个时候，我们就没有办法再继续交流了，对方内心的大门会闭合起来。一旦闭合，我们就无法了解对方的真实想法，沟通进入无效阶段，甚至有可能出现进行不下去的情况。

既然安全氛围在沟通的时候如此重要，那么我们应该如何注意呢？我介绍两点来帮助大家观察安全氛围的温度是否出现了下降。

第一点是沉默。当你发现对方陷入长时间的沉默，既不看你也不说话的时候，就要意识到此时你们之间安全氛围的温度可能下降了。

第二点是时刻注意"语言暴力"的出现。在沟通的过程中，观察到对方的面部表情越来越紧张，看你的眼神也越来越有挑战的感觉，言语中开始出现一些威胁性的话语，也可能会出现一些不友好、不耐烦的语调，比如：你怎么知道我没有努力？这件事情我已经尽力了，你还要我怎样？我要干什么你才会满意？你凭什么说我干得不好？当这类的语言和语调出现的时候，还能继续沟通吗？显然是不行的。我们马上要做的事情是修补安全氛围，把这个温度提升上去。比如说，肯定对方的某些方面；暂停沟通，去喝水或者咖啡；去卫生间也可以。采用这样的应对方式，直到感觉安全氛围的温度上升之后，才能继续沟通。

气氛融洽的开场白主要是为了能够让对方一开始就敞开心扉，而且在整个绩效评估的面谈过程中，管理者要一直特别注意保持这个氛围。

**第二个要点，讨论员工的工作表现，鼓励员工自我评估，客观地审核员工过去的工作成果。**

我们应该鼓励员工自我评估，"你可以先说"。就我们设定的绩效目标，让员工自己先谈一谈，听听他是怎么评估的。一定要让对方先发言，而不是管理者一上来就说。在下属说的过程中，你要将那些与你相同或不同的观点先记录下来。不要打断员工，让他先说完，然后发表你的一些观点，一定要客观地审核员工过去的工作成果，从事实出发，而少用"我感觉""我认为"这类主观性的语言。

**第三个要点，肯定高绩效表现，明确地指示员工待改进的地方，双方就评估的结果达成共识。**

在谈话过程中，一定要明确地肯定下属需要肯定的地方，不要吝啬肯定、欣赏和赞美，也要明确指出员工待改进的地方，使双方就评估的结果达成共识。

**第四个要点，确立员工未来的发展目标，鼓励员工，获得承诺。**

我们还要在绩效谈话过程中帮助员工确立未来的发展目标，鼓励员工从而获得承诺。这相当于已经进入绩效管理循环的最后一步，同时为下一个循环带来一个很好的开端。可以通过分析目前存在的问题和现象，指导下一个绩效循环的目标设定。

以上是在绩效评估面谈过程中要关注的四个要点。再次强调：要想进行良好的绩效评估面谈，重要的是做好充分的准备工作，再结合个人影响力，达成预期的结果。如果员工非常认可你，这个谈话很容易顺利地进行下去。如果我们在日常工作中关于反馈、激励、辅导这些方面做得很差，仅仅靠这一次谈话就想取得很好的效果是不可能的，因此我们在日常工作中的表现也很重要。

## 五、绩效评估面谈

在了解了绩效评估面谈的注意要点之后，我们通过一个实际案例来感受一下绩效评估面谈过程，看看大家能否通过这个案例获得一些启发。这个案例的名字叫作"一个不同意期中绩效考评结果的员工"。

陈翔在复兴公司工作四年多了，今年初被提升为销售主管，陈翔之前是一位资深销售人员。现在到了期中绩效考评的时间。

复兴公司有一套正规的绩效考评系统，一年绩效考评两次，考评结果和年底奖金等福利直接挂钩。

前几年的绩效考评，陈翔拿的都是"B"，去年还拿到"A"。他觉得今年至少应该能拿到"B"，因为他认为自己比去年投入得更多了。

今年，陈翔的工作时间明显延长。担任销售人员的时候，陈翔只要完成自己的工作就行了，只有在业务特别忙的时候，或者自己对某项任务兴趣特别浓的时候，才会加班或占用个人的业余时间。今年升做主管后，陈翔发现自己一会儿要和其他部门沟通，一会儿要见客户，一会儿要忙项目计划，一会儿又要抓计划进度。最后，自己整天忙得不可开交。因为陈翔认为下属能力都达不到他的要求，所以亲自过问很多销售项目。为了让各个方面都满意，陈翔每天多工作一个小时，每个周末加班工作一天。

陈翔认为他的下属都佩服他的敬业精神。他们看上去很听陈翔的话，陈翔让他们做什么，他们就做什么。遇到难题或新课题，他们都会等陈翔回来再做决定。陈翔觉得自己已经树立了主管的权威，团队带得挺不错。

要说不足，那就是业务出现高峰的时候，陈翔有些应接不暇，造成别的部门不得不停下手上的工作等他。这也不能全怪陈翔，接到任务后，他首先需要时间消化任务，然后才能布置给下属。下属完成后，陈翔又要检查，这也得花时间，所以在业务高峰的时候，他自然忙不过来。虽然陈翔的下属看起来不是很忙——别的部门总拿这个情况置疑陈翔，但是陈翔认为自己已经做到最好了。

总之，陈翔认为个人很努力——这样的努力可以说已经到了"表率"的地步，他认为他的团队表现也很好。陈翔对将要进行的绩效考评充满信心。

接下来我们要看到另一位管理者，销售部经理王东。王东是陈翔的老领导，今年初刚把陈翔提拔为销售主管。

王东注意到陈翔升任销售主管后，每天下班是部门走得最晚的一个，还经常在周末把工作带回家，上班时也忙得团团转，一会儿见客户，一会儿忙项目计划，一会儿抓项目进度，还要跟其他部门沟通。

陈翔的下属好像都很听他的话，用陈翔的话说，"让他们做什么就做什么"。可是当陈翔不在或一时给不了答复时，他的手下就都在那边等。因为销售任务布置下来，活动有很多，还要拜访客户、组织会议，他都要自己先研究透了，再传达给销售人员去完成。在业务高峰的时候，销售部往往比别的部门慢一拍，搞得其他部门都不得不停下来等。可是，销售部的人看上去并不太忙，只有陈翔像个救火队员，忙得不亦乐乎。

前几年考评给陈翔定的都是"B"，去年还给了"A"。因为作为销售人员，陈翔的表现确实出色。但是今年，陈翔作为主管的表现不能令人满意。王东在陈翔的名字旁边打了个"C"。

以下是复兴公司的绩效评估标准，供大家参考。

| 绩效级别 | 绩效标准（指导原则） |
| --- | --- |
| A | 具备杰出的知识和技能；能够探索和解决复杂的问题（运用开创性的解决方法）；能够启动和推进企业的发展与变革；有很高的威信 |
| B | 具备优秀的知识和技能；能够探索和解决复杂的问题（运用现有的解决方法）；能够推进企业的发展与变革；能够给予他人指导 |
| C | 具备良好的知识和技能；能够确定和解决复杂的问题（适应现有的解决方法）；能为企业的发展与变革做出贡献；能够独立完成工作 |
| D | 具备基本的知识和技能；理解企业的发展与变革；工作中需要他人的监督 |
| E | 还没有达到D级能力水平 |

接下来，我们会看到两种不同的绩效评估面谈，首先来看第一种。


王东：陈翔请坐，今天叫你来，是想完成我们的绩效评估。你知道我们每年都要搞两次绩效评估，年中一次，年底一次，这次是年中评估。你感觉提升之后的半年工作怎么样啊？

陈翔：（语气略带抱怨）哎呀，领导，真不容易，快累死了，我每天什么都要干。因为那些下属能力都不行，所以我很忙，项目计划、项目进度都需要操心。销售指标又这么高，还有各种各样的活动要搞，我现在每个周末都会多工作一天，周末基本没有休息过，家里人对我也有一些意见了。

王东：（略带不悦之色）哦，是吗？你是不是工作方法不太正确。我看你的下属好像都没有你那么紧张，项目进度推进也不快，跨部门同事之间沟通合作好像也有些问题。大家反映说你们内部流程特别复杂，他们急着推进项目，但是找到你们部门的人都说要等你，你不批，他们没有人敢动，所以你在这方面可能有点儿问题啊！

陈翔：领导，我有什么问题啊，我都快累死了。这个真的是没那么容易的，你看那个小李，现在的"90"后也不好管，说他两句就不爱听，也不耐烦。我就只能命令他干活啊，实在不愿意干，大不了我自己干。其他的几个人，多干一点都不乐意，所以我想既然他们都不积极，我就做表率嘛！我把所有的事情在前面干好了，他们在后面学着点。

王东：这样可不行，这样怎么能做好一个管理者呢？怪不得没有下属愿意跟你多讲，我感觉你们项目推进太慢，跨部门协作还产生一大堆的意见。你今年上半年的绩效考核，我认为达不到一个管理者的要求。你做销售时候的每次绩效评估都不错，但这次只能给你"C"，也算是还行吧，能独立完成工作。

陈翔：（很不开心）领导，这怎么能行啊，怎么能给我"C"呢！我原来的工作量哪有现在这么大，现在每天都快累死了，特别辛苦，每个周末都加班，每天晚上吃完饭都没时间陪孩子，家里人都有意见了。我比做销售的时候忙太多了！我觉得就冲着我的付出，至少给我个"B"，我还觉得我应该拿"A"的。

王东：（皱着眉头）天哪，你也想得太简单了吧，怎么可能？就你现在这个样子，给你个"C"就不错了，你确实没有达到要求。好了，我还有点别的事情，就这样了，你就拿个"C"吧。这次是期中评估，年底前你再努力工作。想一想下半年怎么能够把管理工作做好，而不是自己做一个超级销售人员。

陈翔：（非常生气）领导，这怎么可以，我是不会签字的！

可以看到，这次绩效评估谈话肯定是失败的，因为下属不接受这个评估结果。回到前面介绍的面谈步骤中的要点，我们来看一看哪些方面出现了问题。

第一，他们之间的安全氛围没有保持好。两个人之间已经出现了安全氛围被破坏的场景，双方出现了抱怨、不开心以及生气，还出现了争执的情况，但是管理者没有暂停下来修补安全氛围，还在继续推进沟通。

第二，讨论下属工作表现的时候，管理者没有首先鼓励下属自我评估，而是先给了下属一个判断，并且使用了一些"我感觉""我认为"这类主观性的语言。

第三，对方的高绩效表现没有得到认可和赞赏。任何一位员工一定会有值得认可的地方，比如陈翔，他努力、认真、负责任的工作态度，都是值得认可的。这位管理者在这方面并没有给予肯定和赞赏，这让陈翔有了非常不好的感受。对于陈翔有待改进的地方，管理者描述的事实证据也不够。通过对事实的描述，让他自己去思考自己的问题。这其实是一个自我觉察力产生的过程，这样他才会发现自己在某些方面做得是有欠缺的，更容易接受评估结果。

最后一条，就是在整个绩效评估过程中，管理者没有帮助陈翔确定未来的发展目标及改进方向，所以这次评估无法给下一次绩效管理循环设定方向。

因为这几点都做得不太好，自然无法取得很好的谈话结果。大家在进行绩效评估谈话的时候会注意到这些关键点吗？我们都可以反思一下。

王东经理在经过绩效评估要点的学习和练习之后，再次进行绩效评估面谈，这次会怎么样呢？

王东：陈翔啊，请坐，喝点儿水。

陈翔：好的，谢谢领导。

王东：最近不容易啊，蛮辛苦的，经常加班，我都看到了，觉得你对工作非常认真负责，这是你一贯的风格。

陈翔：哈哈，我最近加班确实比较多，有些工作还是想早点干完。

王东：好的，这些我都看到了，你知道我对大家还是很关注的，尤其是你刚刚被提升，我一定会帮你快速成长。今天刚好是半年时间的最后一天了，所以我们一起来谈一谈你在这半年时间内取得了什么样的成绩，哪些地方可以做得更好，让自己能力提升得更快。我们从年初绩效目标设定出发，谈一谈这半年的工作，好吗？

陈翔：好的，领导。

王东：这是我们在年初的时候，也就是你刚刚被提升的时候做的绩效目标设定，我们结合这个来看一下绩效目标完成得怎么样。你先看一遍，然后说说自己的想法。我再根据我观察到的一些事实和现象，谈谈我的看法，你看这样可以吗？

陈翔：领导，没问题，我们就按这个顺序来说吧。

王东：好的，我们开始吧，先从第一条开始谈。

陈翔：第一条是百分之百地完成销售指标。领导，这条我确实是差了一些，到半年的时候才完成98%。您也知道今年我们遇到了一些市场挑战，团队人员的能力也需要提升，所以这个目标确实是没有达成。

王东：我也注意到了，离年初所设定的百分之百是有一点点的距离，你觉得是哪些原因造成的呢？

陈翔：我觉得今年整个市场都不太好，受到一些外在因素的影响。另外，竞争对手确实也是投入了很大力度。

王东：好的，咱们今天谈的内容先把外在因素，包括市场环境、竞争对手这些问题除外，我们将来再找机会来聊这一部分怎么解决。我们今天着重分析我们自己能够改善的方面，因为绩效评估谈话是我们自己取得进步的一个过程，你看好吗？

陈翔：好呀。我觉得可能还是我们在客户覆盖率方面有一些欠缺，因为我已经很忙了，客户太多，实在是跑不过来。

王东：为什么你会忙成这个样子呢？

陈翔：团队中，小李、小王、小张的能力还不够，所以我觉得交给他们做不太放心，所以我自己干得比较多，另外交给他们一些其他事情，我要求他们一定要经过我的允许后才能和其他部门沟通。

王东：是的，我也注意到了这方面的一些问题。比如我看到你很辛苦地在外面跑市场的时候，你的团队同事反而在办公室里坐着，我还问过他们，你们怎么没有去跑市场呢？他们说你先去跑好了再跟他们说，让他们跟进就好，所以只能等着。这种现象每个月都在发生，我已经发现至少六七次了。管理者和个人贡献者肯定是不一样的，所以你觉得在工作理念上是不是应该有一些改变呢？

陈翔：我觉得可能还是应该多授权给下属去做吧，而不是我一个人去做。

王东：是啊，管理者一定要相信自己的下属，对于不同的下属，授权的程度不一样，而你要起到一个管理者的作用。跨部门的同事有一些反馈说项目进度比较慢，大家都要等你下命令才能够推进，你怎么看待这个现象？

陈翔：这其实跟上一条原因相似，我确实是想经过我之后，认为没问题了再让他们向外去沟通，结果可能也影响了效率。

王东：是的，我看到你确实是非常勤奋。陈翔，你的努力、认真和负责，我一直是非常认可的。我也在想怎么能够帮助你快速地成长为一名合格的管理者，当然这需要一个过程。我们就年初绩效目标设定来看，其中有一条，培养下属熟练掌握拜访客户和做产品呈现的一些技巧，你感觉你做的怎么样？

陈翔：嗯，也许是因为我跑市场的时间确实太多了，在下属个人能力培养方面没有给予太多的关注，所以肯定做得不到位。

王东：好的，成长总是需要一个过程的，刚开始这样很正常。今年的上半年，我认为你还是完成了岗位的基本要求，也许到年底或明年就会在这个岗位上做得越来越得心应手了。上半年的评估，我给你的考评结果是"C"，具备良好的知识和技能，满足了岗位要求，是达标的。下半年在授权、辅导等方面，需要我再给你提供什么支持吗？

陈翔：好的，我确实非常努力了，下半年我想得到更多的支持，比如能不能给我提供更多的辅导，让我知道如何更好地做一名管理者。您可不可以给我安排一些相应的培训，或者为我找一个教练，帮助我更快进步。

王东：陈翔，"C"这个评估标准是满足岗位要求的，你被提升的时间不长，能做到这样很不错了。我也自我批评一下，我在你成长方面的投入力度以及给你的支持不够，咱们下半年的每个月可以有一次关于管理技巧的辅导谈话。另外，下半年公司培训部会安排一些关于管理者的培训，我推荐你去参加，我一定会投入更多的精力帮助你成长。你看这样子好不好，我们再找时间探讨下半年的绩效目标设定，同时聚焦授权、辅导以及其他方面的绩效管理，帮助你成为一名真正的管理者。我们今天先谈到这儿好吗？

陈翔：好的，谢谢领导。


这一次谈话和前一次相比有哪些不一样呢？主要是在面谈的四个要点方面有了改进，分别来看一下。

第一点，对安全氛围的掌握。这位管理者先给下属倒了一杯水，在交谈的过程中始终没有给下属太大的压力，让下属始终可以敞开心扉，讲出他自己的真实想法。

第二点，鼓励下属先进行自我评估，先谈自己的看法。

第三点，该肯定下属高绩效表现的时候，充分地给予了肯定。对于有待改进的地方，通过描述具体的事实，让下属真正认识到确实在这方面做得不到位，而不是管理者主观感受地表达下属做得不到位。

第四点，通过这次绩效面谈，帮助下一个绩效管理循环设定方向。

这只是一个绩效面谈的案例，希望给大家的绩效评估谈话带来帮助。

要想成为高水平的管理者，更多地是要注意我们日常工作中的表现，而不是只靠一两次谈话就能解决问题，这是我一直坚持的观点。

本章到这里就结束了，回顾绩效管理的循环：从年初的目标设定到管理过程中不断地授权、辅导、激励、反馈，最后到绩效评估谈话，接下来进入下一个绩效管理循环。我们可以把它理解为一个螺旋式上升的过程，每一个循环都很重要，下一个循环是建立在上一个循环的基础之上的。

# 第三章
## 鼓舞人心的激励

这一章介绍管理者的必备技能——激励。

你被激励起来了吗？我们都可以先问自己这个问题。你在被激励的时候是什么状态？身心愉悦，斗志昂扬，信心十足地全身心投入工作，总之就是浑身上下充满了干劲，觉得自己能战胜一切挑战。与之相反，你是否也有过完全没有被激励起来的状态？和刚才的状态完全不同，身心疲惫，斗志全无，对于挑战根本没有信心，脑子里想的是要不要放弃……

究竟有哪些因素会影响被激励的状态？如外部环境、利益、行业发展前景等。其中一个因素一定是来自一个人，就是你的直接领导。一个优秀且擅长激励人的领导会让你一直处于被激励的良好状态，他激发起你内心的天使。也有一些领导的所作所为会让你顿时失去工作动力，甚至想放弃，更有甚者会激发出你内心的恶魔。由此可见，一名管理者运用好激励的手段是非常重要的。

关于激励的内容，分为三个单元进行介绍。

第一单元是激励概述，帮助我们了解什么是激励，激励者和被激励者的关系。

第二单元介绍团队激励。团队激励的目的是让团队保持高昂的士气、昂扬的斗志，在积极向上的团队氛围中迎接挑战。

第三单元介绍个人激励。针对不同的下属，采用什么样的激励方法，让每位下属都处于被激励的状态，同时用行为的改变来达成我们的目标。

# 第一单元
## 激励概述

## 一、激励的定义

通过一个例子来帮助大家理解什么是激励。如果孩子学游泳，孩子到了泳池边却不敢下水，你会怎样激励他呢？你可能会说："孩子，勇敢点，下来的话我给你买个冰激凌！"这个时候出现了两种需求：第一个是你的需求，你希望孩子学会游泳；第二个是孩子的需求，他想吃冰激凌。当你满足了孩子的需求之后，孩子作为被激励者跳进了泳池里开始学游泳，满足了你的需求。

由此引出了激励的定义：激励是一种驱策力，它驱策人的行为以满足人的需求。第一个"人"代表被激励者，他的需求被满足之后就会改变行为；第二个"人"代表激励者，被激励者的行为改变满足了激励者的需求。

## 二、激励者的需求与被激励者的需求

这两个需求，哪个在先呢？有人会说被激励者的需求在先，我想告诉大家的是激励者的需求在先。作为管理者，我们先要知道我们的需求是什么，希望下属如何改变行为来取得更好的结果，接下来才是了解被激励者的需求，通过满足他的需求驱动他的行为改变来满足我们的需求。千万不要搞反了，我们不是没有目的地激励下属，希望他工作态度更积极还是想让他以后不要迟到，把这些考虑清楚之后再考虑被激励者的需求。

回到学游泳的例子，为什么父母教孩子游泳往往不会成功？就是因为父母没有考虑清楚自己的需求，学不学就这样，不学就算了。在管理中不可以这样，我们一定要先考虑清楚自己的需求是什么，这个需求一定是对于管理至关重要的，不可以轻易放弃。接下来才可以进入激励流程。

### 三、正激励与负激励

激励分为正激励与负激励。

再看孩子学游泳的例子，为什么孩子在游泳班容易学会？游泳教练教孩子的时候为什么不允许家长在场？教练也许在这个过程中会用一些负激励的手段，但是效果显著。

我们在实际工作中也一样，负激励的批评和处罚也许会更快地产生效果，有时候确实要运用。

在这里主要介绍正激励的方法，学会激励的三部曲，通过有效的激励方式驱动下属的行为发生改变，满足我们的管理需求。

下面分为团队激励和个人激励，学习具体的激励技巧。

第二单元
团队激励

　　团队激励对于管理者来讲至关重要，相信大家都遇到过氛围好或不好的团队。我们乐于在好的氛围中工作，大家彼此信任，相互支持，勇于担当，共创佳绩。氛围营造的第一责任人是团队的管理者，因此我们要学习团队激励的方法，保证团队氛围是积极向上的，这也会给个人激励创造良好的基础，实现高绩效。

　　下面介绍两种用于团队激励的方法，分别是团队文化和学习分享。

## 一、团队文化

　　说到团队文化，大家可能会想到企业文化，因为我们经常听到关于企业文化的话题。小团队需要有自己的团队文化吗？大部分管理者认为是需要的。如果现在说出你所在企业的企业文化是什么，你能顺畅地说出来吗？也许有很多人做不到。为什么？因为它似乎是虚无缥缈的，听起来高大上，但好像跟我们的实际工作相关性不是很大。这就是为什么大家不能很清楚地记住的原因，这自然也无法起到企业文化相应的作用。

### 1. 文化的定义

　　什么是文化？埃德加·沙因教授在他的经典作品《组织文化与领导力》[1]中是这么描述的：

---

❶ 埃德加·沙因. 组织文化与领导力[M]. 陈劲，贾筱，译. 北京：中国人民大学出版社，2020.

一个群体的文化可以被定义为群体在解决外部适应性和内部整合性问题的过程中所累积的共享习得的产物；其有效性已被充分证明了。因此被传递于新成员以要求其以正确的方式来认知、思考、感知和行动。这种累积式的习得是一种建立在理所当然的基本假设基础之上的，并最终以无意识状态存在的信念、价值观和行为规范的模式或系统。

这听起来似乎不太好理解，其实他想说的就是每一个群体都有一些约定俗成的价值观与行为标准。比如，开会不能迟到；在会议上踊跃发言，不允许会上不说会下乱说；成员之间彼此尊重等。这些约定俗成的价值观与行为标准的作用就是约束新成员要按照这个规矩展开工作并规范自己的言行。

这些约定俗成的价值观与行为标准是如何被整理出来的？团队的管理者应当承担这个责任。管理者要想做好团队激励，首先要做的是要把这些价值观和行为标准整理出来，围绕这些价值观和行为标准展开管理工作，这些价值观和行为标准就是文化的一种表现形式。

再用一幅图来帮助大家理解团队文化（图3-1）。如果把文化画成一个圈，它有一个内核圈和一个外展圈。内核圈是价值观，是我们衡量行为的准则，具有强烈的评判意义，要么是对、要么是错，没有模糊空间。价值观会帮助我们向着愿景、使命以及目标去发展。外展圈是行为，行为的具体表现构成了别人看到我们团队的样子。它们合在一起构成了团队文化。

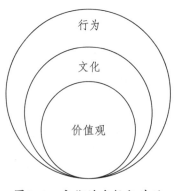

图3-1 文化的内核与外延

大家可以发现，越来越多的公司会把企业文化落到行为层面，就是为了让大家有更清楚的行为标准。请各位思考一下，你的团队有核心价值观吗？价值观是什么？具体的行为表现是什么？价值观是彼此尊重，外展出的行为同样是彼此尊重。任何不尊重他人的行为，像轻蔑、冷漠、打断别人发言、随意占用他人时间等，都是被团队反对的。价值观是坦诚相待，一切不坦诚的行为是坚决不允许的，比如背后说坏话、当面一套背后一套这些行为。管理者要鼓励对的行为，制止不符合团队价值观的行为。这些对于团队氛围的打造是至关重要的。

### 2. 团队文化共创

文化共创，也可称为价值观共创，最终目的是要制定出行为标准，创造出有效的团队文化。

在接手一个团队后，如果基本信任已经建立，现在可以比较顺畅地展开沟通，最短两周，最长两个月，具体时间自行把握。我们计划用三个小时左右的时间进行这个活动，具体分三步进行。

第一步，管理者需要谈一下文化的重要性、文化与价值观的关系等，也可以谈一下企业和团队的使命、愿景以及长期目标。接下来，给每人发五张即时贴，让大家思考自己想在什么样的团队中工作，以及哪些关键要素能够帮助团队实现目标，如透明、平等、开放等。请每人在即时贴上写一个词。

第二步，每人写完之后都贴在白板上，然后合并同类项，大家会发现一些出现频率比较高的词，如透明、创新、平等、尊重、成长等。管理者也要写，写的词可以结合观察以及与团队发展的方向相关，最后形成5~7个关键词。

第三步，要求每一位成员根据自己目前观察到的实际行为，给这几个关键词打分，最低分是零分，最高分是十分。这时候，你会发现不同的团队成员，对于每一个关键词的打分会有不同，但往往对于某几个重要的词，大家打分都会比较低。

这个时候开始邀请大家发言，就某一个词来展开讨论。

"小张，请你谈谈你观察到了什么样的具体行为，让你给这个词只打了四分，结合你的感受，你觉得我们的不足之处是什么？"

这个时候要让他畅所欲言，管理者要认真地听、认真地记。接下来就这个词，每一位成员都要发言。随后，管理者可以根据记录和大家一起整理出具体的行为，形成关于这一条的行为标准。

通过这个过程，还可以增加团队成员的自我认知，促成共识。有一次在一个团队使用这个方法的时候，大家都提到了"效率"这个词，五位同事中有四位打了四分，但有一位打了八分，显然是因为认知不同，没有达成共识。这个时候，让大家坦诚发言，只说观察到的现象，结果是那位同事的各项报告总不能按时交，但他自己认为不重要，经过讨论，他认识到了问题的严重性，最后达成的共识，包括按时交报告、项目负责人要有几次跟进等这些具体的行为。这些共识就是以后的行为标准。

用同样的方法，对每一个关键词进行发言讨论，并将每一个关键词落实到具体行为层面。在这个过程中，大家在良好氛围下都能敞开心扉，说出团队中的问题以及改进方向。作为会议主持人，管理者通过这些发言可以对每个人有了基本了解以及对团队将来的方向有了更明确的认识。我用过很多次这个方法，非常有效。希望大家可以试一试，这也会给组织会议、总结要点等技能带来提升，并且是一个增加个人影响力的好机会。

## 二、学习分享

下面介绍第二种团队激励的方法，学习分享。大家知道，每个人其实都非常关心自己的成长，包括能力的提升等。学习分享是帮助大家提升各方面能力的一种方式。

要想让大家感觉到成长，关键是让大家感觉到分享的内容确实是自己的需求。个人兴趣也是一种需求。

最近听到了一些有意思的事情，比如"90"后员工参加团建之后愤然辞职"。为什么会这样？有些管理者会说"90"后员工不好管！但现实是越来越多的"90"后与"00"后进入职场。关键点在于管理者有没有抓住员工的需求。无论是团队活动还是学习分享，都要明确我们的目标是什么，是否从大家的真实需求出发。

学习分享的具体做法可以这样开展：首先要做的是加强对下属的了解，再结合团队文化共创过程中显现出来的哪些具体能力是大家都需要提升的，或者哪几位同事在某些方面有比较强烈的需求，团队管理者通过组织活动帮助大家提升能力。

举例，大家一致认为创新是目前普遍认为比较欠缺的，打分也比较低，而从管理者的角度来讲，创新确实是团队必须要提高的一项技能，那么可以考虑是否请一些专家来分享创新。团队管理者是否可以阅读关于创新的书籍，如创新大师克里斯滕森（Clayton M. Christensen）的系列书籍，然后组织大家开展读书会、分享会；或者在活动之前送给每一位员工一本关于创新方面的书，大家阅读之后可以就创新主题分享读书收获。

其他形式还包括围绕工作中需要的一些技能，邀请对这方面比较擅长的同事来作分享，也可以请领导、跨部门的同事来分享。我们一定要提前做好活动主题设定以及安排好时间。建议大家不一定只局限于与工作相关的技能学习与分享，很多生活中的相关知识与技能其实也非常适合分享。亚伯拉罕·费莱克斯纳（A. Flexner）在《无用知识的有用性》❶中是这样写的：只有真正重视并大量资助科学和人文学科中由好奇心驱动的"无用知识的追求"，社会才能在今天和明天实现更深层次的理解和实践进步。我们的团队也是一样，一些看似无用知识的研究和分享会在一定程度上帮助团队成员保持强烈的好奇心。好奇心是激发每一个人愿意深入思考和探索的深层要素之一，这样的思考和探索对于激发创新精神及活跃思维是非常有益的。同时，这种由各种知识组成的团队分享激发出的好奇心也是保持年轻和积极心态的重要方法之一。人一旦失去了思考与好奇心，生活只是一天天的重复而已。罗曼·罗兰在《约翰·克里斯多夫》里有这样一句话：

有些人20岁就死了，80岁才埋。

这句话听起来令人震惊，大概意思是有些人在二十岁或三十岁就变成了自己的影子，以后的生命不过是在重复自己，所做与所想，都在一天天地重复，

---

❶ 亚伯拉罕·费莱克斯纳. 无用知识的有用性[M]. 张童谣. 译. 上海：上海教育出版社，2020.

而且重复的方式越来越机械。

我们一定不希望自己成为这样的人，运用团队分享的方法可以帮助我们最大程度地保持好奇心，还可以帮助团队成员相互增加了解和信任。从长期来看，坚持这样的分享活动可以提升管理者的个人影响力，并且潜移默化地影响每一位成员的思维深度和思考方式。

我一直记得我第一次参加团队分享的场景。当时，大家一起去爬山，在爬山之前抽出半天时间进行分享：有的同事分享的是如何养猫，有的同事分享的是如何提升摄影技巧。我当时分享的是如何让自己的仪表显得更职业，更符合场景要求。在分享过程中，我举了某些反例，如西装背后的褶子好像压了十年一样，五个手指伸出来指甲里有污垢，头发一动就是头屑乱飞等，逗得大家哈哈大笑，印象非常深，起到了相应的提醒效果。每一位同事的分享都让大家有了一定程度的认知提升，关于有意思话题的讨论也非常热烈，而这些是一个团队管理者想要达到的目的。

## 三、团队激励的其他方法

关于团队激励，还有一些其他方法。比如在正式的场合，对一些做出贡献的同事表示鼓励和认可，可以送他一本相应的书籍；在授权给某些同事为团队完成一些任务之后，利用正式的机会向对方表示感谢。这都是团队激励的方式。

做好团队激励，核心还是要聚焦到对人的关注。我们只有加强了对人的关注，考虑到团队中每个人的实际情况和具体需求，才能制定出有效的学习分享计划。

最后强调一点，无论是学习分享还是其他的团队建设活动，都要进行目标管理。如果为了放松，可以选择单纯的吃喝玩乐。如果是针对某项技能的提升，就一定要以其为目标，所有安排都是为了这个目标服务。

# 第三单元
## 个人激励

前面介绍了团队激励的方法，接下来开始学习个人激励的方法。团队激励需要我们提前做一些准备，按合适的频率进行，而个人激励是管理者几乎无时无刻都要用到的技巧。

在开始之前，请大家先看一个案例。

## 一、案例分享：为什么不一样

惠达公司最近发展较快，其业务范围从处方药到OTC产品，还有一些器械的代理权。陈宏是该公司的部门经理，白丽与李婷是团队里的业务专员，刘娜和张海分别是她们的直接业务主管。

白丽进公司已经两年了。她踏实勤奋，经常利用空余时间主动学习，从过去没有经验的职场新人，逐步成长为公司业绩的前五名。刘娜平时对白丽很关心，不但定期进行业务分析和辅导，还经常和她聊聊目前的工作状态以及未来的职业规划等。在这个过程中，刘娜一旦发现白丽有进步，就会及时给予肯定。渐渐地，白丽的工作得到了同事和客户的认可。

白丽非常喜欢现在的工作，除了收入上的回报，她认为业务能力的提升以及人脉关系的拓展更是无价之宝。她非常感谢主管刘娜及同事的协助，在她遇到困难的时候，总是可以第一时间得到理解和支持。

李婷刚进公司不到一年，有两年的相关工作经验。一开始，张海对她的期望很高，希望她可以迅速适应新公司，协助团队完成月度业绩指标。但李婷的业务表现并未达到张海的期望。张海开始怀疑李婷的能力，一直不停地督促李婷要多联系客户，尽快提高业绩。

三个月后，虽然李婷的业绩稍有起色，但她感到压力非常大，整天愁容满面。她认为张海只看结果，总是无视她工作过程中付出的努力和遇到的问题。她把业绩无法完成的原因归咎于公司的要求太高以及缺乏主管的协助。最近，她有点儿想离职了。

陈宏觉得很奇怪，在同样的工作环境下，为什么白丽与李婷的工作表现会有如此大的差异？

你认为答案可能是什么？

在前面的内容中讲过，如果有一个人对你的工作状态影响最大的话，这个人一定是你的直线经理。就像这个案例中的白丽，因为得到了直接业务主管刘娜的关心、辅导和帮助，她的感觉非常好，一直处于被激励的状态中。而李婷尽管有两年的工作经验，但是她的直接业务主管张海对她各方面的关心和辅导都不够，只是要业绩，并且开始怀疑她的能力。

由这个案例可以发现，员工的工作状态好坏、是否被激励起来，第一责任人是管理者。这是我们为什么要学习员工激励的原因。

## 二、激励的现状

大部分经理这么认为：

（1）员工的工作表现普遍只是一般，偶尔有超过标准水平的表现，很少有非常优异的表现；

（2）员工的素质水平已经大幅度提升，但极少有人愿意发挥自己的最大潜能；

（3）员工极少主动地接受工作，除了有兴趣或者对自己有利的工作；

（4）问题发生时，员工被动反应而不是主动解决；

（5）如果不是一再提醒，员工极少会主动地按时按质完成工作；

（6）员工只专注于自己的工作，很少会替团队着想；

（7）员工想做感兴趣且有挑战性的工作，但不是在日常工作中通过努力赢得机会；

（8）员工会说他们需要发展和学习，却对经理们提出的绩效反馈时常采取防卫或漠视的态度。

员工却是这么认为：

（1）77%的员工没有在工作上发挥最大潜能；

（2）50%的员工在工作上只被要求达到一般水平；

（3）75%的员工在工作上还有极大的潜能可以发挥；

（4）66%的员工在工作上没以前那么尽力。

这就是认知的差距，尤其是管理者们，认为员工就是这样，得过且过。员工却认为自己根本没有发挥出潜能，没有竭尽全力。因此，管理者要认识到自己的责任，通过激励激发出员工的潜能。

激励有两大作用：一是调动积极性，让其他人做你想要他们做的事；二是创造高绩效，让平凡的人做不平凡的事。

麦格雷戈在《企业的人性面》一书中不仅提出了著名的XY理论，还有这样一句话：

如果能发掘组织中人力资源的无尽潜能，则组织的效率至少会提高两倍。

这又一次证明了激励员工的重要性。

## 三、最被激励或者失去动力的场景

我们已经了解了激励的基本概念，接下来一起做个回顾，想想我们经历过哪些被完全激励起来的状态，也经历过哪些完全失去动力的情况。通过回忆自己的经历来思考一下，上级领导是如何影响我们的工作状态的。

分享一个我的亲身经历。我当时在一家公司做地区经理，负责西北区域一个特药产品的销售。特药产品相对比较贵，所以西北地区特药产品的销售情况比不上经济相对发达的地区。因为我建立了很好的患者推荐系统，再加上一系列的活动跟进，当时取得了不错的业绩，在全国的市场份额和贡献率都比较高。

在一次全国销售年会上，我们的部门总监在台上进行演讲，下面坐着我们团队的全部成员，有二三百人。在回顾销售业绩的时候，她突然说了一句话："我管理过很多特药产品的销售。通常来讲，这类产品在经济发达地区的销售占比一定比较高，在我们这里，我注意到一位地区经理，他负责的区域经济相对落后，但他带领的团队在全国销售量的占比显著高于其他区域。这位经理，你敢不敢站起来？"我当时坐在台下，隐隐约约感觉她提到的人可能是我。大家可以想象在这种情况下，你敢站起来吗？大部分人是不敢的，我也一样。这位总监看向我，即使这样我也不敢站起来。这个时候，她展示了下一页幻灯片，上面出现了我们团队的照片，还有我们团队的业绩表现，然后她说："现在这个人敢站起来了吗？"我一看确实是我，于是站了起来。这位总监说："让我们一起给王法鼓掌！"大家一起给我鼓掌。直到现在我都无法忘记这一幕。

大家可以想象我当时的心情，回去之后我更加努力，带领团队全力工作，举办了很多高质量的业务活动，在惠及更多患者的同时，带领团队取得了更好的业绩。

我在平时也听到过很多实例，有的是被当众表扬，有的是犯了错误领导代为承担，有的是生病了领导非常关心，还有的是被领导非常信任……这些场景都让大家受到激励，会让我们更加努力地工作，想尽一切办法完成任务目标。我们都听过一句话"只要思想不滑坡，办法总比困难多"。怎么让大家思想不滑坡？其实取决于是否处于被激励的状态。

还有一种不太好的情况，就是完全失去工作动力的经历。大家会想到哪些让你失去了工作动力的经历呢？

继续分享一个我的经历。那是我在当大区经理的时候，有一个产品的销售总监力邀我加入他们的团队，我对他没有太深的了解，只是听说他是一个认真、严苛的人，再加上他邀请我的态度非常诚恳，于是我加入了他的团队，接手了一个区域。

那是一个相对较老的产品，当时为了达成上季度的指标，有好几家医院多进了许多货。但是这个产品在治疗方式上已经遇到了很大的挑战，即将被新的治疗方式所取代，所以这个产品的用量比较少。

在我刚接手的第一个月，某一家重要的医院要求退货，结果这位销售总监在知道了这个情况后打电话给我，在电话里大发雷霆，批评是我的责任，说我对医院的库存管理存在严重的问题。我觉得非常冤枉，刚开始还辩解了两句，后来我就不说话了，感觉没必要跟他争执，就任他情绪发泄吧，直到电话结束。这个举动让我对这位销售总监产生了深深的怀疑，看来接手这个区域的决定有一些仓促，我没有想到这位总监的情绪管理如此差，而且缺乏担当的精神。尽管在后来的电话会议中，他当着大家的面向我道歉，但这种道歉已无法挽回信任。我当时是完全失去了工作动力，调整了好久才慢慢恢复。

我把它分享给大家的目的是希望我们在选择领导的时候，一定要多方了解，因为直接管理者对下属的影响是巨大的，即使公司的平台再好，但是对于每一位成员来讲，直线经理几乎代表着一切。同时，情绪的发泄和推卸责任对于管理者影响力的伤害是巨大的、无法挽回的。

大家有没有想到一些关于自己失去工作动力的场景，是什么理由让你失去了工作的动力呢？被当众批评？流露出对你的不信任？不是你的问题但让你担责？还是肆意地发泄情绪？面对这些，你的想法是什么？放弃，退出，甚至是想举报？

此时，请大家放下书，闭上眼睛，能否回忆出自己被激励或失去工作动力的场景？各找出三种场景，回忆原因和接下来做了什么。


最被激励的场景

原因：_____     行为：_____

原因：_____     行为：_____

原因：_____     行为：_____

最失去动力的场景

原因：_____     行为：_____

原因：_____     行为：_____

原因：_____     行为：_____


在回顾与分享后，再回到我们的日常工作中，我们是如何对待下属的？关于被激励或失去工作动力的场景，我们做得怎么样？对于被激励的场景，我们有没有用这样的方式去激励下属？而对于失去工作动力的场景，我们作为管理者是否避免了这样的行为再次出现？这都是值得我们考虑的问题。

现在从管理者的角度和大家讨论一个问题：什么样的员工需要激励？我经常在培训课上就这个问题组织大家展开讨论。正在看书的你会怎么看待这个问题？业绩差？态度差？不积极？不配合？大家经常认为这些员工必须要被激励，这一点很好理解，因为我们都听说过这样一句话"会哭的孩子有奶吃"。我想提醒大家的是，管理者绝对不能单纯地认为只有看到这些表现后才需要激励员工。在日常工作中，管理者要时刻关注自己的下属。

我在一家企业做市场运营总监的时候，在每个省都招聘了一位区域市场经理，他们直接向我汇报负责区域的市场表现情况。这个岗位非常重要，因为市场策略指导销售行为，所以我费了很大的力气组建团队，有熟人介绍的，也有猎头推荐的，也有从外资企业挖来具有市场经验的人。我要求他们和我的思路保持一致，彼此支持配合完成市场部的各项工作任务。

有一位上岗两个月的市场经理，在刚来的时候非常积极，努力推动各个项目，希望能够证明自己的价值。我们的沟通与合作非常愉快，遇到各种挑战都会及时沟通，一起想办法应对这些挑战。因为有一些挑战是与公司原有的而且比较固化的思维模式发生碰撞，给他带来了很大的压力。

新人上岗的前三个月是最困难的，更需要领导的关心和支持。我在沟通的时候非常注意他的情绪以及一些细微的行为。我平常给他打电话的时候都会先叫他的名字，他也会很开心地喊我一声"王总"，有一天晚上，我就一个项目的进展给他打电话，接通后像平常一样先喊了他的名字，结果他没有像平常一样回复我，而是直接开始搭话。我在电话里隐约感到了一丝异样，在通话过程中我也感觉他的积极性有所下降，不像平常那样谈解决方法了，而是多了一些对目前现状的抱怨。我感觉到他可能有一些想法了。因为这个时刻非常关键，重新招聘的各项成本更高，我需要他留下来和我一起面对挑战，共渡难关。第二天一早，我坐飞机来到他所在的城市，和他做了面对面的沟通。因为平常信任关系不错，他也坦诚地和我说了真实想法。他原来的公司想让他回去，给了他一个有吸引力的职位。而在这里工作压力很大，推动项目非常困难，有一些销售同事也不太配合，所以他开始犹豫要不要离开。我站在他的角度帮助他分析了现状，坚持下去有哪些收获，对于将来的发展有什么益处等。最终在我的努力之下，他愿意留下来和我一起"战斗"。试想一下，如果我没有在电话沟通中及时发现他细微的变化，等到他已经下定决心要离开时再去激励他、挽留他，成功率会大大下降。

作为一名真正关心员工的管理者，我们一定要提升自己的人际敏感度，能够从细微的行为改变感受下属是否产生了一些想法，及早介入，关心他，了解他的需求，及时、准确地实施激励。任何人一旦有了想法，一定在行为中有所体现，有可能细微到一个眼神、一个表情，而管理者应在第一时间识别出来。下面是大家在课程讨论中列出来的行为变化，供参考：

以往很积极，变得不积极；

以往不积极，变得很积极；

以往很认真，变得经常出错；

以往爱发言，变得沉默；

以往对他人很礼貌，变得不那么注意礼貌；

以往很准时，最近会迟到；

以往追求完美的结果，变得对一切都无所谓；

接电话的时候总是跑出去到没人的地方去接；

有时候莫名其妙地会失联一段时间；

……

还能补充一些行为变化吗？再次提醒要多关注员工，激励工作重在平时，绝不是出了问题再去激励。

## 四、工作者需要什么

在了解了管理者对于下属工作状态的重要影响之后，这部分介绍工作者究竟需要什么，因为这是有效激励的基础。工作者的工作动力来源主要有以下三类。

第一类动力来源是恐惧，关于失去工作的恐惧。大家是否听过这句话：今天工作不努力，明天努力找工作；不是工作需要你，而是你需要工作。这句话表达出了人们努力工作的动力来源之一是恐惧。人们担心失去了工作之后，会失去收入和必要的生活条件。

第二类动力来源是期待，人们希望得到什么。比如说工作可以得到收入，买你想买的东西；可以得到一个团队，和他们愉快地交流和沟通；期待个人成长等。

第三类动力来源是兴趣，做自己感兴趣的事情。如果喜欢和人打交道，就可以从事和人打交道的工作，比如销售、人力资源；如果喜欢写作，就可以做文案或者成为职业作家；如果愿意和别人分享并带来价值，可以做老师或者咨询顾问。为了兴趣，我愿意多付出。如果在工作中能够发现自己非常感兴趣的事情，简直是完美。

工作的动力来源主要来自这三类：恐惧、期待和兴趣，因此衍生出三种类型的激励方式。

第一种是恐惧型的激励，这类激励方式是关于担心失去什么。比如说因威胁、惧怕、害怕而服从，这只是短暂、消极的控制，类似于前面讲到的教练教孩子学游泳时的负激励。

第二种是奖励型的激励，这种激励方式针对的是期待。用欲望和利益交换，双方觉得公平，不过从长远来看具有功利性和消极影响。

第三种是自觉型的激励。可以这样形容自觉型的激励——我不能给你利益，但是我可以帮助你创造实现的机会。追求自己的目标和荣誉，带来的是持久、积极的影响。

很显然，第三种是相对完美的激励方式。大家可能会想，用自觉型的激励方式来激励所有的下属多好！这是不可能的。作为管理者，我们要了解这三类方式，并且能够灵活运用，重要的是在运用之前要先了解下属的真正需求是什么。

为了更好地了解需求，请大家做一个测试——激发工作绩效的最佳动力。

请将下列10项因素按照激发工作动力的程度进行排序（1表示激发工作动力程度最高，2为其次，依此类推，10为最不能激发工作动力），然后将这10项因素按照是否容易做到进行标记（A表示最容易做到，B表示需要努力才能做到，C表示不容易做到），见图3-2。

|  | 排　序 | 是否容易做到 |
|---|---|---|
| （1）有趣的工作 | _____ | _____ |
| （2）认可工作成绩 | _____ | _____ |
| （3）参与感 | _____ | _____ |
| （4）安全感 | _____ | _____ |
| （5）丰厚的工资 | _____ | _____ |
| （6）在组织中的成长与晋升 | _____ | _____ |
| （7）良好的工作环境 | _____ | _____ |
| （8）对员工诚实 | _____ | _____ |
| （9）弹性的纪律 | _____ | _____ |
| （10）个人问题得到理解和帮助 | _____ | _____ |

图3-2　激发工作动力的10项因素

你是怎样排序的呢？排序靠前的是哪几项？

丰厚的工资容易做到吗？好像有点难。作为管理者，我们都希望给员工更高的工资，给他们不停地涨工资，但是会发现丰厚的工资好像是最不容易做到的。在组织中的成长与晋升好像也不那么容易做到，不是我想给他升职就能够实现的。认可工作成绩、对员工诚实等就很容易做到。

做完这个测试之后，我们来看一看乔治梅森大学的Kenneth A. Kovach教授在美国做的调研，按照不同的分类方式给我们呈现出了不同的结果（表3-1）。

首先从主管和员工的角度出发做对比。主管排到第一的是丰厚的工资，而员工只把它排到了第五。员工排到前三的分别是有趣的工作、认可工作成绩和参与感，但主管把这三项排到了第五、第八、第十。由此可见，主管认为最能够激励员工的因素，员工不一定这么认为。

表3-1 激发工作动力的分组调研统计

| 因素 | 职位 | | 性别 | | 年龄 | | | | 基本工资 | | | | 工作类型 | | | | 职称 | | |
|---|---|---|---|---|---|---|---|---|---|---|---|---|---|---|---|---|---|---|---|
| | 主管 | 员工 | 男 | 女 | 30岁及以下 | 31~40岁 | 41~50岁 | 51岁以上 | 低 | 中下 | 中上 | 高 | 蓝领无技能 | 蓝领有技能 | 白领无技能 | 白领有技能 | 低 | 中 | 高 |
| 有趣的工作 | 5 | 1 | 1 | 2 | 4 | 2 | 3 | 1 | 5 | 2 | 1 | 1 | 2 | 1 | 1 | 2 | 3 | 1 | 1 |
| 认可工作成绩 | 8 | 2 | 3 | 1 | 5 | 3 | 2 | 2 | 4 | 3 | 3 | 2 | 1 | 6 | 3 | 1 | 4 | 2 | 2 |
| 参与感 | 10 | 3 | 2 | 3 | 6 | 4 | 1 | 3 | 6 | 1 | 2 | 4 | 5 | 2 | 5 | 4 | 5 | 3 | 3 |
| 安全感 | 2 | 4 | 5 | 4 | 2 | 1 | 4 | 7 | 2 | 4 | 4 | 3 | 4 | 3 | 7 | 5 | 2 | 4 | 6 |
| 丰厚的工资 | 1 | 5 | 4 | 5 | 1 | 5 | 5 | 8 | 1 | 5 | 6 | 8 | 3 | 4 | 6 | 6 | 1 | 6 | 8 |
| 在组织中的成长与晋升 | 3 | 6 | 6 | 6 | 3 | 6 | 8 | 9 | 3 | 6 | 5 | 7 | 6 | 5 | 4 | 3 | 6 | 5 | 5 |
| 良好的工作环境 | 4 | 7 | 7 | 7 | 7 | 7 | 7 | 4 | 8 | 7 | 7 | 6 | 9 | 7 | 2 | 7 | 7 | 7 | 4 |
| 对员工诚实 | 7 | 8 | 8 | 8 | 9 | 9 | 6 | 5 | 7 | 8 | 8 | 5 | 8 | 9 | 9 | 8 | 8 | 8 | 7 |
| 弹性的纪律 | 9 | 9 | 9 | 9 | 8 | 10 | 9 | 10 | 10 | 9 | 9 | 10 | 7 | 10 | 10 | 9 | 9 | 9 | 10 |
| 个人问题得到理解和帮助 | 6 | 10 | 10 | 10 | 10 | 8 | 10 | 6 | 9 | 10 | 10 | 9 | 10 | 8 | 8 | 10 | 10 | 10 | 9 |

再从性别的角度来做对比。男性排到第一的是有趣的工作，而女性排到的第一的是认可工作成绩。我由此想到以前我带过一个地区经理，他曾经跟我说："我就是不喜欢要女下属。"我问他："为什么呢？不是说男女搭配、干活不累吗？"他说："我不善于哄女孩子开心。"我当时觉得这个理由好有意思，这也能成为不喜欢要女下属的理由？但是从这个调研结果来看，女性对认可有更高的要求。提醒一下各位管理者，尤其是"直男"们，要更多地去认可和赞赏女性下属，因为她们更需要这种认可。

从年龄来看，30岁以下的员工排到第一的是丰厚的工资。为什么？大家可以想一下，其实这个时期应该是最缺钱的，希望有更高的收入。到了50岁以上，出现了一些变化，丰厚的工资就不再是第一了，排到第一的是有趣的工作，认可工作成绩排在第二，参与感排在第三。大家可以注意到，31~40岁的员工将安全感排到了第一，这个时候应该是上有老、下有小，可能还有房贷，因此安全感很重要。

再来看基本工资低的人，需求排到第一的是丰厚的工资。而基本工资高的人，排到前面的是有趣的工作、认可工作成绩和安全感。

从职称的角度来看，职称低的排到前面的是丰厚的工资和安全感，有中级职称或高级职称的员工排到前面的是有趣的工作、认可工作成绩和参与感。

通过这个调研得出一个结论，人和人是不同的，每个人的具体需求在不同的阶段、不同的时期也是不同的。管理者要增加对人的关注度，通过关注了解员工的真正需求是什么。

这个调研也带给我们一个启发，从理论上讲任何人都是有需求的，也意味着都可以被激励起来，关键是能否准确找到相应的需求。这是我们进行有效激励的第一步。

## 五、激励员工的三部曲

在了解了员工的不同需求之后，下面介绍一下激励员工的三部曲。

激励员工的三部曲主要包含以下内容：第一步，识别员工需要什么；第二步，领导者能给什么；第三步，用最佳方式给出去。

首先看第一步，识别员工需要什么。关于识别员工需要什么，前面的内容中已经做了详细介绍。管理者通过对员工的关注识别出在不同时期、不同场景时的需求，找出对员工而言相对重要却没有被满足的需求，探索其问题的本质，而不能只停留在表面。

举一个真实的例子。我在做大区经理的时候，团队中有一位已经工作5年的销售代表，负责一家重要市场，业绩一直不错。他经常流露出一个强烈的愿望，希望自己能够早日被提升为地区经理，每次和我沟通的时候都会表达出来，看起来是非常明显的需求。但由于当时团队的发展速度没有那么快，相对比较稳定，加之我认为他的各项能力还没有达到一线管理者的层次，所以在暂时没有机会的情况下，我和他的地区经理说多关注他，在年底绩效评估过后把他提升为专员，就是销售代表的最高级别，同时把他列为高潜力人才。

地区经理在和他沟通过之后来找我，说被这个销售代表气得哭笑不得。我问他为什么？他给我还原了他们当时的对话。

地区经理："你今年整体业绩不错，各级老板都对你挺重视的，所以经过我和大区经理以及人力资源部的沟通，从明年起可以提升你为销售专员。"

销售代表："领导，谢谢您把我提升为专员啊，但这让我想起了周星驰在《武状元苏乞儿》这部电影里的一句经典台词。"

地区经理："哪句台词？"

销售代表："那位老乞丐对苏乞儿说，如果我没看错，你就是乞丐中的霸主！苏乞儿问，乞丐中的霸主，那是什么？老乞丐说，还是乞丐！"

很明显，这位代表的意思是就算你提升我到销售代表的霸主——销售专员，但还是销售。

这句话给我留下的印象太深了，因为它充分说明了解下属的真实需求是多么重要。能够真正激励他的需求绝对不是从高级销售代表提升为销售专员，即使给了他这个职位，也起不到任何激励作用。他的真正需求是什么呢？于是我和他进行了一次长时间的沟通，在沟通的过程中了解到，其实他更深层次的需求是一种心理需求。因为他觉得和他一起进公司的人都已经提升为管理者了，有的是跳槽去了别的公司得到了提升，有的是去了别的业务部门得到了提升，而他没有得到任何提升，于是有一点着急。

在了解到他真实的心理需求之后，我和他进行了一次辅导谈话，帮助他分析职业发展的过程，以及想成为一个管理者应具备哪些重要因素。围绕这些因素，探讨他平常的表现如何，不是业绩好就一定能够被提升。同时，关于提升的技能方面，帮助他做了梳理，理清了目标。随后，我承诺在接下来的工作中会给他创造机会来提升技能，同时增加他的影响力，包括让他在一些团队内部以及其他业务单元的内部会议上进行一些分享，并寻找一些外部资源帮助他提升相应的能力。

回到激励的目的，一定是被激励者的需求在先，激励者通过满足被激励者的需求来改变他的行为。用从销售代表提升到销售专员这样的方式对他没有起到激励作用，因为他的行为不会改变。这就要求管理者要充分了解员工，找出重要而没有被满足的需求，探寻问题的本质，而不是停留在表面。

第二步是领导者能给什么。因为员工的需求多种多样，有一些需求是能够满足的，也有一些需求是不能满足的，因此管理者要考虑能够解决什么样的需求，哪些需求是我们无法满足的。注意，不是只有升职加薪才是唯一能给的资源，其实我们可以给的东西非常多。后面的内容会围绕着激励理论介绍我们究竟能够给什么，绝对不是只有升职加薪那么简单。

第三步是要用最佳方式给出去。用什么方式在什么场合下去激励员工？用什么样的语言？用什么样的沟通方式和方法，效果是不一样的。这些都会影响我们是否可以用最佳的方式去激励员工。

## 六、三大激励理论介绍

利用激励的三大理论，可以更好地帮助我们识别员工的需求以及哪些需求是能够满足的。

激励的三大理论分别是马斯洛需求层次理论、赫兹伯格双因素理论和麦格雷戈的XY理论。三大激励理论结合起来看，可得出一些对于激励员工有价值的启发，因为这三大理论之间是共通的。

### 1. 马斯洛需求层次理论

马斯洛需求层次理论分为五层，后来被增加到了七层，无论五层还是七层，基本原理以及递进的关系是一致的。为了便于大家理解，我以经典的五层级来介绍（图3-3）。

图3-3　马斯洛需求层次理论

如何更好地解读马斯洛需求层次理论，帮助我们找到不同下属的不同需求，这是我们激励员工的第一步。

最底层是生理需求，如食物、水、物质等。再向上一层是安全需求，人们需要稳定、安全、渴望受到保护、有秩序、能免除恐惧和焦虑等稳定结构的需求。在这两层之上是社会归属的需求。人都有爱与一些归属感的需求，要求与其他人建立感情的联系或关系，要融入社会，要有团队。再上一层是认可的需求，分为自尊（尊重自己，包括尊严、成就、掌握、独立）和他尊（来自别人的尊重的需求，包括威望、地位等）。最高一层是自我实现的需求，是最高等级的需求。

接下来介绍六个要点来帮助我们更有效地理解马斯洛需求层次理论，精确地找到下属的需求并完成激励。

**第一点，大多数人在低层次需求达到某种程度满足后就会走向更高层次。**

为什么说是大多数人？因为并不一定所有人都是这样的，有时候需求层次是可以跳跃的。比如在20世纪60年代的时候有很多去支援大西北三线建设的人，其实他们的生理与安全需求是没有得到满足的，但是那个时候他们的需求层次在于自我实现，为实现崇高的理想而愿意奉献一切。这一点告诉我们不可以机械地理解和运用这五个层次，认为它一定是逐级上升的。事实不全是这样，因为它会产生跳跃式的需求变化。

**第二点，一种需求一旦被满足，就不再具有激励作用。**

如果我们的下属在基本需求方面已经得到了满足，当物质需求已经不再是他们基本需求的时候，用物质方面的东西去激励他，想借此改变他的行为，可能性很小。回想教孩子学游泳的例子，某一天我们用冰激凌来激励孩子，孩子就愿意跳进泳池，但如果孩子每天都吃冰激凌，冰激凌的激励效果就很差了。

**第三点，认可层次需求达到满意程度的时候，很多人就停顿了。**

为什么有些明星会耍大牌？为什么有人通过刻意营造出来的与众不同想让别人尊重他？他之所以要显示与众不同，是想进入自我实现层次。这些人通过一些特别的东西显示出自己的地位和优势，来告诉大家你们要尊重我。我们可以想一下身边的一些已经处在自我实现层次的人，这些人对于下面层次的需求已经不在意了，他不会在意自己吃什么、穿什么、别人怎么看他。而那些彰显与众不同的个性或者要刻意地通过一些外在的东西来获取别人对自己尊重的人，他们都没有达到自我实现的层次，因此真正进入自我实现层次的人是不多的。

**第四点，那些跃入自我实现层次的人并非因为某种需求没有被满足，而是一种成长的欲望，自我实现是无止境的。**

那些真正进入自我实现层次的人，比如一些思想家、企业家等，他们不是因为对现状不满意，而是想汲取更多的知识，全方位地提升自我，创造更多的社会价值，这就是成长的欲望。这种自我实现是无止境的，可以一直让自己朝这个方向努力。这也说明了这一类人还如此勤奋的原因。

**第五点，需求的顺序并非一成不变。**

五个层次需求的顺序有时候会有一些跳跃，就像第一个例子，一些人在低层次需求没有达到满足的时候，可能会向上跳跃。在给大家介绍"90"后和"00"后的时候，他们的需求顺序就发生了跳跃。他们跳过了安全以及社会归属层次的需求，直接到了认可层次，这是有可能的。他们从小生活富足，基本没有安全的需求，不需要去为了迎合他人就可以获得超出期望范围的爱，因此他们对于尊重的需求非常高，他们要求平等。

**第六点，当上层需求达不到满足时，则会加强对下层次的需求。**

这一点很有意思。举个例子，比如有一份工作，你在工作中得不到任何尊重，每天有人不停地羞辱、讽刺、挖苦你，一个月给你5000元，干不干？大家肯定说不干！如果一个月给5万元呢？是不是有的人开始有一些小动摇了？如果这个工作一个月给50万元呢？是否开始说服自己，就算受一个月的羞辱、讽刺、挖苦，看在50万元的份儿上，值了！这其实反映了刚才这点，当上层的尊重需求无法被满足的时候，就会增强对下层次的需求。

再举个例子。我曾经工作过的一家公司，由于人才竞争激烈，竞争对手不停地挖人。于是，公司的人力资源部推出了一个人才挽留政策，对于大区经理及以上级别的员工，只要和公司签一份5年不离开的协议，公司会一次性奖励20万元。但是若在5年内离开公司，就要把这20万元全部退回。如果是你，会签吗？有多少人签了这个协议呢？30%都不到。为什么？因为当时在外资制药企业，大区经理的年收入比较高。回想一下刚才我们说的这一条，当上层需求得不到满足时，则会加强对下层次的需求。用这样的方式来挽留员工，其实员工内心的感受是自己没有受到尊重，尊重的需求没有被满足，所以他必然会加强对下层次的需求。当时我问了身边的一些同事，他们说："20万元就想捆我5年，我才不签呢！"我说如果是200万元呢？结果都说："立刻就签！"

以上是对马斯洛需求层次理论的一些解释，对我们的启发是思考团队中需要被激励的下属，他目前处在哪一个需求层次？人是很复杂的，有时候多层需求可能会同时存在，只是在某个时间点呈现出来的迫切程度不同。管理者要充分了解员工，了解他最迫切的需求究竟是什么？顺序是如何排列的？清楚地了解下属的需求，然后匹配可提供的资源。

### 2. 赫兹伯格双因素理论

我们在日常工作中都有体会，有一些方法确实能够激励下属，并不限于涨工资之类的方法，如当面表扬员工、关心员工的个人发展等。大家的体会是有理论支撑的，这部分介绍赫兹伯格双因素理论，它会帮助我们从更高的层面去看待有效激励员工的因素有哪些，如何实施激励。

赫兹伯格双因素理论把激励员工的因素分为两大类：一类叫保健因素，另一类叫激励因素。

先来看保健因素。保健因素包括公司政策和程序、管理方式、同事关系、收入、工作环境等（图3-4）。

公司政策和程序
管理方式
同事关系
收入
工作环境
地位
安全感
个人生活

← 与工作环境和条件相关的因素

不满意→没有不满意

图3-4　主要的保健因素及特点

下面以收入为例进行讲解来帮助大家理解保健因素的特点。我们通常认为涨工资、发奖金才能够激励员工，但是保健因素的特点是员工从"不满意"到"没有不满意"。换句话说，就是员工永远不会满意。我们自己也一样。涨工资的时候，我们都想给下属争取更高的调薪比例，再问大家，一次调薪的激励时间能有多久？答案也是千差万别。再以员工餐厅为例，问刚入职的新员工："公司餐厅怎么样？"他可能说："我们的餐厅还不错哦，挺好吃的。"半年后再问他："公司餐厅怎么样？"我猜回答有可能是："唉，凑合吃呗，就那样。"这就是保健因素的特点，员工永远不会满意，最多也就说一个还行吧。

关于保健因素，还有一点是很重要的，我们往往没有相应的资源来实现保健因素。想给员工涨多少工资就能涨多少吗？想给员工改善办公环境就能改善吗？不能，因为没有相应的资源。

再来看激励因素（图3-5）。

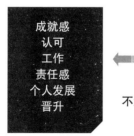

成就感
认可
工作
责任感
个人发展
晋升

← 与工作内容紧密相关的因素

不满意→满意

图3-5　主要的激励因素及特点

激励因素的特点是员工可以从"不满意"到"满意"。它包括成就感、认可、工作，还有责任感、个人发展以及晋升。晋升包括正式的与非正式的，我们在团队内部可以设一些非正式的岗位给某些员工，如学习委员、创新标兵等，这些属于激励因素。激励因素具备一个重要的特点，就是往往不需要使用太多的资源，只需要通过管理者一些行为上的改变就可以让员工满意。大家可以想想，当你被领导当众表扬的时候，那种感觉是不是特别好？当你认为自己在工作中得到了成长和提升的时候，是不是感受也非常棒？

关于激励因素，我要再强调一下对员工的赞赏。被赞赏绝对可以起到激励作用，管理者一定不要吝啬对下属的赞赏。不仅仅是在下属取得成绩时，即使是努力尝试等任何正向的行为，都值得赞赏。

在惠普公司发生过一件这样的事情：

一名工程师突然冲进经理的办公室，激动地说他刚刚突破了一个他们团队数周都没有攻克的难题。经理也很兴奋，同时他迅速在自己的桌子上摸索，想找到一些奖品可以用于表扬这位工程师的佳绩。不巧的是，桌子上确实没有什么合适的东西，最后他找到了一根午餐时带回来的香蕉递给了这位工程师，说："太棒了，祝贺你！"这位工程师诧异了一下，开心地拿着这根香蕉出去了。

过了一段时间，金香蕉奖成为惠普公司授予善于发明突破的员工最有声望的荣誉奖项之一。

从这个案例可以看到，一份很少甚至没有经济价值的奖励依然可以效力十足，因为附加于奖励上的意义赋予了它很高的价值。

单独介绍一下晋升。我问大家一个问题，大家觉得升职但不加薪可以激励员工吗？无论是正式的还是非正式的晋升，其实都属于激励因素。晋升赋予的内心感受是正向积极的，收入属于保健因素，员工永远不会满意，所以我可以告诉大家，升职不加薪其实可以起到激励作用，因为它属于激励因素。回想我在十几年前当地区经理的时候，当我被提升为高级地区经理时，职位的前面有了Senior（高级）这个单词，其实薪水只涨了一点点，几乎可以忽略不计。我在看自己的名片是高级地区经理的时候，还是非常开心的，这是真实的感受。现在回想起来我的领导很厉害，她一定识别出了我当时比较突出的需求是一个这样的认可，于是她用这个需求的满足达到了激励我的目的。对于管理者来讲，如何在团队内部创造出一些非正式的岗位给相应员工一些晋升或者授权，这些都属于激励因素，关键是管理者是否充分地考虑到了这些因素，当然也不能忘了首先要确认员工在这方面是有需求的。

在了解了这两种因素之后，我们就可以提升认知来看如何激励员工了。以往我们可能认为给员工涨工资发奖金才能够激励他，但是现在我们了解这只是保健因素中的一个，而且员工永远都不会满意。管理者应提升格局和思维层次，同时熟悉激励员工的两大类因素。两条腿走路，千万不能缺失一条，它们同样重要。两条同样长短、同样力量、健康的腿才能让我们走得稳、走得远。最主要的是，激励因素不需要动用太多资源，只要稍加注意一些行为的改变就可以让员工满意，这就是赫兹伯格双因素理论带给我们的启发。

### 3. 麦格雷戈XY理论以及三大理论的共通点

在了解了马斯洛需求层次理论和赫兹伯格双因素理论之后，接下来介绍麦格雷戈XY理论。其实，三大理论有一些共通点，这些共通点可以带给我们启发，让我们更好地理解三大理论，从而有效地激励员工（图3-6）。

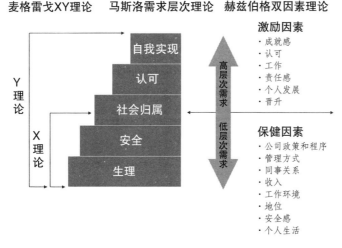

图3-6　三大激励理论的共通点

关于麦格雷戈XY理论，我在角色转换的内容中已经给大家详细介绍过，哪些因素能够激励员工有不同的假设。X理论的假设是人性本恶，每个人都不愿意尽全力、能少干就少干、对取得的成就不感兴趣、也不能约束自身的行为、对组织需要漠不关心、工作中需要被严密监督和控制。因此，激励员工工作的动力来自金钱和其他的收益，给钱就好。Y理论的假设是人性本善，认为员工都是在职责范围内勇于承担责任的、强烈希望在工作中有所成就、能够约束自身的行为、工作积极、喜欢自己决策、不盲从于他人、乐于接受变化，而且不断地追求进步。因此，Y理论认为激励员工的工作动力来自他们对工作本身的兴趣及任务的挑战性。

根据X理论和Y理论，我们可以发现激励员工的出发点是不一样的。如果把三大理论结合起来，会得到一个结论：Y理论人性本善的这些重要因素，相当于马斯洛需求层次理论的较高层次的需求以及赫兹伯格双因素理论的激励因素。X理论人性本恶的那些只能通过金钱来激励的因素，对应的是马斯洛需求层次理论的较低层次的需求以及赫兹伯格双因素理论的保健因素。

这就带给了我们一些启发，三大理论之间的共通之处是从两个方面来看的，而这两方面的因素在每一位下属身上都有可能同时存在，关键是管理者对下属是否足够了解，能否找到他们的核心需求。通过满足员工的这些核心需求来激励员工，让员工做你想要他们做的事，调动他们的积极性；让平凡的人做不平凡的事，创造高绩效。通过这些行为的改变，达到激励的目的。

总结一下，不同的下属一定有不同的需求，并且随着时间、场景的变化，这些需求会有所不同。管理者通过学习这些工具和方法，可以让我们把脑海中的一些隐性知识显性化出来。比如说原来隐约觉得收入不是唯一能够激励员工的因素，当面的表扬、鼓励、授权都可以起到激励的作用，只是以前它们是隐性知识，现在通过学习赫兹伯格双因素理论，了解到原来这是保健因素和激励因素的不同特点。这样可以帮助我们把隐性知识显性化，引导我们重复地去做这些事情。

## 七、激励案例实践

学习了激励理论之后，现在举一个案例，我给这个案例取了一个名字叫作《一潭死水》。赵强刚接手了一个团队，现在有三位员工要被激励，该如何实施激励呢？只有一个要求，不能把他们开除。请结合激励理论认真思考，想想如何激励这三位员工。

## 一潭死水

赵强一个月前调到现在的部门担任部门经理，直接领导下面的三位主管：王华、李倩、林聪。

王华已经在该部门工作4年了，在过去的工作中曾经立下汗马功劳，个人业绩达到团队业绩的35%。但是最近两年来由于市场竞争激烈，业务挑战性增强，新技术需求迅猛，王华的工作业绩勉强与前两年持平。王华觉得这样的成绩已经非常不容易了。王华的工资增长幅度比前两年低了很多，职位也没有得到提升。他一直怀疑原来的部门经理对自己有看法，并对赵强坦言："机会不大，干好或干坏都没有前途。"

李倩正在中外管理学院读MBA，已近毕业，她所在班级有不少人是企业的中高层经理。李倩交友甚广，几乎每天下班前都在打电话安排约会。公司传言李倩可能会加入其他公司。赵强刚进该部门时曾开玩笑地问李倩是否准备跳槽到别的公司，李倩笑言："这可说不准，找我的公司多着呢！"李倩最近的工作态度比较差，明眼人都能看出，她应该是在等三个月后合同到期。赵强觉得没有办法管她，如果提出把她辞退，也许李倩求之不得，因为这样还可以多拿几个月的补偿金。

林聪计划一年后出国留学，所以现在得过且过，看上去根本没有想认真干下去的念头。

赵强对工作如何推行下去一筹莫展，偏偏这时候工作量非常大，他感到了空前的压力。如果你是赵强，你将如何解决这个难题，重新激励员工，创造最大产能？

看过了案例，相信大家也思考了，是不是感觉挺麻烦，怎么办？尤其是在不开除人的情况下，还要想方设法地把三位下属激励起来，这确实不是一件容易的事情。

咱们一起分析一下。王华属于我们在工作中经常遇见的一类下属。工作时间比较长，也取得了一些成绩，处在不是很积极正向的状态，负面情绪有些重，并且这一类人会给团队带来比较大的负面影响。李倩，眼看着MBA要毕业，未来也许会有新的工作机会，人脉交际很广，心思也不在工作上。林聪，一年后要出国留学，现在是得过且过，看起来让人头痛。

我们结合马斯洛需求层次理论，从主要问题入手，引导大家寻找解决对策（图3-7）。

| 需求层次 | 主要问题 | 建议解决对策 |
| --- | --- | --- |
| 自我实现 | 未发挥潜能 | 生涯发展 |
| 认可 | 工作无意义 | 工作丰富化 |
| 归属 | 被组织忽视 | 参与 |
| 安全 | 不知未来方向 | 目标 |
| 生理 | 工作压力 | 辅导 |

图3-7　马斯洛需求层次理论的激励策略

大家觉得王华的主要问题在哪里？是不是工作无意义以及被组织忽视？日常工作中有许多类似王华的老员工，工作久了，也没有什么激情，每天做着重复的工作，得不到组织的重视，存在感也不强。心态好一些的员工还能够默默奉献。从马斯洛需求层次理论来看，王华的需求层次处于认可和归属层次。建议解决对策是把他的工作内容丰富化，提高工作参与度。比如说给他安排一些其他的工作任务，类似于领导大家做市场调研；或者让他成为你的助手，多参与不同的工作，比如让他到不同的工作小组中去，由他来主导一些项目的设计和实施等。

再来看李倩。李倩在你面前说有人要邀请她，好像是充满了工作机会，让你有点儿为难。这也代表了一类下属，感觉是不缺工作机会，在不在这里工作取决于她的心情。作为管理者，我们首先要清晰地判断他们的能力究竟如何。如果专业能力达到要求，我们要激励这些员工努力投入工作。以李倩为例，大家觉得她的需求和主要问题在哪里？认真了解之后会发现，有可能她是不知道未来的发展方向，需求在安全层次。尽管她MBA要毕业了，但真正学到了多少东西？她看起来有一定的人脉，不过这些人脉究竟能带来多大的帮助，李倩自己也未必清楚。我们也有过这样的体会，真正已经想好的人通常都不说，到处说的人可能是没想好。建议解决对策是帮助她理清发展方向以及发展目标，再帮她寻求一些实现目标的资源，通过满足这个需求来实施激励。

林聪呢？他一年后要出国留学，目前得过且过。大家觉得林聪的需求应该在哪个层次呢？可能他也不知道自己未来的发展方向，是想提升自己还是为了完成家人的愿望？他准备学什么专业？专业与目前从事的工作有什么相关性？如果我们清楚地了解了这些，那么建议解决对策应该从他的目标及方向的确定入手，再结合他目前的工作，为他创造更好的条件，让他能够被激励起来，认真地完成自己的工作。

以上是结合三位下属的具体情况，用马斯洛需求层次理论来整理思路，探寻下属的需求处于哪个层次，采用相应的解决对策。

针对各个不同需求层次，有一些具体的建议。

关于生理需求方面的建议：合理的收入，有针对性而且公平的奖金政策，其他福利政策，充分的辅导以保证工作能力。

关于安全需求方面的建议：鼓励长期服务，强调公司长期和稳定的发展，温和的管理风格以及大量认可。

关于社会归属需求方面的建议：强调团队、公司信誉，融洽的工作环境（包括硬件和软件），人际关系的运用。

关于认可需求方面的建议：认可，尤其在众人面前的肯定和赞扬，给予特殊礼遇，工作职责及授权的扩大。

关于自我实现需求方面的建议：分配挑战性的工作，给予个人成长的机会等。

管理者还要了解有效的激励对策，如随时的认可和感谢，清楚的方向和目标，以及赋予工作的意义。举例如何激励环卫工人？你可以给他们的工作赋予这样的意义：你们是城市的美容师，如果城市没有你们，将会变得脏乱不堪。

有一次，我在一家公司做培训，他们的工作内容是做24小时心电监护仪的设备维护。一个城市通常只有一到两名工程师，医院的心电监护仪出现问题，他们必须在规定时间内到场维修，非常辛苦。有的时候因为急诊可能会在后半夜进行工作。大家想想该如何激励这些工程师？我们可以这样赋予工作的意义：你们是生命的守护神，是一家人幸福生活的守护者。

大家感觉到自己的工作意义重大，立刻进入被激励的状态。

有效的激励对策还包括：赢得相互信任，必需的工具和培训，个人成长的机会。

以上内容是对于激励对策的建议。再次强调，这一切建议的基础来自我们对员工的了解，只有基于第一步的了解和对需求的准确诊断，才能用这些激励对策来实现有效激励。

给大家布置一个小作业，请大家以自己的一名下属为例，诊断他的需求层次，运用以上建议制定一个激励计划（表3-2）。

表3-2 激励计划的制定

| 激励的步骤 | 想法和行动 |
|---|---|
| 1.找到未满足的需求层次<br>□自我实现<br>□认可<br>□爱与归属<br>□安全<br>□生理 | |
| 2.找到匹配的激励对策 | |
| 3.选择正确的激励方式 | |

## 八、激励员工的无尽创意

在了解了激励员工的三大理论，找到并且确定了员工的需求后，除了能想到的常规方法，如何有创意地激励员工是每一位管理者应当思考的问题。因为新奇的创意会起到意想不到的效果，可以成倍地放大激励的作用。如果运用了一个特别有创意的方法，激励效果可能会较常规激励行为有五到十倍的扩大。

请吃饭、当众给予表扬等，这些都是常规的激励方法。回想前面我被激励的例子，我完全没有想到这位领导会说"这个人敢不敢自己站起来"。尽管我没有站起来，但心跳加速是绝对有的，对我的激励程度绝对比常规的开会表扬扩大了几倍。我认识的一位总经理会用这样的方法激励下属：在全国销售年会的晚宴上，下面坐着两千人，他会把一些需要激励的重要员工逐一请上台，当场把自己身上的某样东西送出去，有他的数码相机、墨镜、领带等，而接到这些特殊礼物的同事都非常受鼓舞。这位总经理一定是认真考虑过的，清楚哪些下属可以用这个方法，哪些下属不适用。邀请重要同事的家人参加年会，一起请上台接受公司的认可和掌声，也是很有创意的想法。

如何让我们的激励有创意呢？结合前面案例中的李倩实际演练一下，看看如何激发出我们激励员工的无尽创意。

李倩MBA要毕业了，看起来不太好激励。用什么办法去激励她？提个要求，尽量不动用资源，如果一定要动用资源，只有200元的预算。

我分享一些方法，希望给大家一些启发。

（1）在团队内部给她举办一个毕业小仪式，可以买个蛋糕；

（2）邀请公司的高级别领导参加她的毕业仪式；

（3）在公司内部的大屏幕上展示几张她MBA毕业的照片，或者挂个横幅祝贺她MBA毕业；

（4）让她就MBA课程中学到的具体知识和技能进行内部或外部分享；

（5）让她组织在MBA课程中认识的同学来团队内部进行分享；

（6）买相应的书籍送给她；

……

这个时候需要创意思维，它可以帮助我们在实际工作中想出更好的方法来激励自己的员工，同时让我们有更多激励员工的创意出现，增加激励的效果。

## 九、管理者如何创造出激励的氛围

下面介绍激励员工的第三步，如何以最佳的方式把激励给出去。

管理者应注意如何在日常工作中创造出激励的氛围。在这种氛围下，可以有很多种方法把激励给出去。如何创造激励的氛围？主要分为两个方面，一个是内部因素，另一个是外部因素。

内部因素主要是员工的内心。员工内心想法的不同，决定了他是否容易被激励。如，员工的动机，这属于相对表层的因素。动机来自哪里？来自深层次的价值观。做这件事情符合我的价值观吗？它是对的还是错的？价值观具有明确的评判性，没有模糊空间。比如，内在价值观与岗位的匹配度怎么样？从事医药销售是关心患者还是只想多赚钱？时间长了以后或压力大的时候，内在的价值观会影响个人的行为，也就会影响这位员工是否容易被激励。

在快速发展的团队中，容易被激励的下属一定是渴望迅速发展的。如果他追求稳定的工作，就不适合留在发展期的团队，而适合加入平缓期的团队。管理者要有准确的判断，找匹配度高的人加入相应团队。

外部因素也会影响整个团队是否处在激励的氛围中，包括团队文化，以及我们鼓励什么样的行为。接下来是经理人自身的行动，是否以身作则地践行团队文化。这些合起来构成了外部因素。

内部因素和外部因素加到一起，决定了激励效果，从而影响员工的工作表现。在日常的管理工作中，还涉及绩效行为的关联模式，行为如何影响绩效等。通过正向反馈来增强好的行为，通过纠错反馈来减弱不好的行为。关于两种反馈的应用技巧，会在辅导的内容中给大家作详细讲解。

总之，一个团队是否具有激励的氛围，与管理者有密切的关系。管理者是创造良好激励氛围的第一责任人。

总结一下本章的内容。从团队的角度讲，我们要有自己的团队文化和价值观，若没有，就要创造机会去讨论，去共创。从员工的角度讲，我们要运用三大理论寻找员工的需求，再看有什么资源去匹配需求。我们还要营造激励的氛围。重中之重是管理者在日常工作中加强对人的关注。只有对员工足够关注，才能明确判断出员工的真正需求。

# 第四章
## 共赢成长的授权

大家也许会问，授权需要学习吗？不就是布置工作任务吗？其实，授权绝对不只是布置任务那么简单。在工作中，我观察到许多管理人员在授权方面存在问题：有的人事无巨细，什么都管，自己累得要命，下属背后还不说好；有的人不分析下属的能力如何，一股脑儿地把任务分下去，然后等着结果。

有效的授权是通过一系列的工具、方法和步骤来增加管理效率和培养下属的能力。分享一个案例，我在一家公司做大区经理的时候，公司非常关注管理人员的能力提升，给高级管理人员报了北大的MBA班，公司承担所有的费用。我很开心，毕竟大学毕业已经十几年了，能有这样的机会重回校园学习，还是在大名鼎鼎的北大，于是下定决心要排除一切干扰，好好学习，提升自我。我们这个事业部一位市场总监也参加了，她的团队大概有10个人，都是产品经理以及产品专员。给我们上课的教授们都是非常有经验的老师，他们讲的知识和实践经验给我带来很大的启发。我特别认真地听课，课间也经常向教授请教一些问题，展开一些讨论。而这位市场总监坐在我旁边，电话每过一会儿"震动"一次，她就到教室外面接电话，每次都是十五到二十分钟。刚坐下没有十分钟，电话又来了，于是她又出去接。在某些课间休息的时候，她也在接电话，开始上课了，她还在接电话。

有一天下课之后，我终于忍不住了问她："你怎么那么多电话？"

她说："这不是有很多市场活动要办嘛，这位专家要拜访，那位客户要安排，还有会议的酒店、会场、用餐等，每一项都要操心呀。我又不放心这些供应商，需要盯着所有的细节。"

我问她："你盯这么多细节，你团队中的十来个人做什么呢？"

她说："哎呀，别提了，这十来个人的能力真不行，我每次把一些事务性的工作交给他们，他们总是达不到我的要求，所以这种比较重要的活动，我根本不放心交给他们，必须自己亲自盯。"

我又问她："你会盯到什么程度？"

她特别自豪地说："用餐在哪里？吃什么？喝什么饮料？酒店房间里面的水果要买什么？有没有欢迎卡片？欢迎卡片上面写什么？我一定要盯到这种程度才放心。"

我听了之后摇了摇头说："这些事情究竟应该由谁来负责呢？我们现在有这么难得的学习机会，在北大朗润园上课，国家发展研究院的教授给我们讲课，而你就在外面接电话，挺可惜的。"

她说："我也觉得可惜呀，但是没办法，我真的是不放心他们。"

你身边有这样的管理者吗？你自己或多或少也会有一些像我这位同事的想法吗？告诉大家，她的团队人员流动率非常高，我也听到她的一些下属抱怨说，她管的太多太细，几乎什么都要自己做，大家在这个团队里根本得不到任何成长和发展。再看这位同事，每天起早贪黑，忙忙碌碌，有打不完的电话、回不完的邮件、开不完的会议，但是整体业绩上不去。

问题在哪里？很大程度上是授权的问题。作为管理者，意味着不可能任何事情都亲力亲为。前面给大家举过例子，把团队比喻成一只手，管理者是手掌，一定要授权给手指（下属），然后合力完成任务。

与不授权相反，我还观察到有一些管理者什么事情都不想管，无论下属各方面的能力如何，统统交给下属去做。当结果达不到他满意的时候，就劈头盖脸一顿臭骂，认为下属的能力不行，达不到他的要求，然后换人。一年下来，团队人员几乎换了个遍，业绩也上不去。

以上这两种现象的出现都与授权的能力息息相关。因为授权是一个管理者必须掌握的一项技能。什么工作可以授权，什么工作不能授权？授权的目的是什么？授权之后对每个人的跟进程度一样吗？不同的下属、不同的任务，跟进频率具体怎么样？针对这些问题，本章都会给大家带来相应的解决方案。

这部分内容会分为两个单元展开介绍。

第一单元介绍管理者为什么要授权，包括授权中的困惑、是否所有的工作都可以授权、授权的益处以及经理人不愿意授权的十大原因。

第二单元讲解如何有效授权，包括：授权前的准备工作；授权谈话过程中的注意要点；在授权给下属之后，授权者如何保持恰当的跟进频率，既能保证结果达成，又不让下属感受到不信任；授权后，管理者应注意从哪些方面来帮助被授权者顺利完成任务等。

# 第一单元
## 管理者为什么要授权

## 一、授权中的困惑

看第一个案例。

为了适应业务发展的需要，李杰所在的公司在半年前引进了一批新人，刘婷被分到李杰部门的王强团队中。

王强是资深主管，已服务多年，接手过很多项目，一直很出色。前些天，公司筹划了一个新项目，管理层要求王强团队在30天内交出该项目的整体计划书并做演示。因为最近项目特别多，王强团队的其他成员都很忙，所以王强决定让刘婷负责这个项目。

刘婷进公司后的各方面表现都不错，工作做得有板有眼，在新人里算是出色的了。王强觉得把项目交给她应该没错，也是个可以让她锻炼的机会。

刘婷接到任务后非常兴奋，并保证在30天内完成。看到她的主动性和责任心，王强非常高兴，也很放心地把所有材料交给了她。

之后的日子里，王强看到刘婷整天埋头苦干，"看来没什么问题"，于是王强全身心地投入自己的其他项目中了。

到了报告完成期限的前三天，王强收到了刘婷交来的推广计划书。令王强惊讶的是，计划书远不是他期望的那样，这样的报告没法跟管理层交代。怎么办？时间紧急，王强只得自己日夜奋战，重新做了一份报告上交。

刘婷看了王强的报告，承认自己做的报告有差距，但心里很不是滋味，总觉得有些"冤"。

王强则感到精疲力竭，他对刘婷很失望。问题是：往后该怎么做呢？这样的情形还会发生吗？

通过这个案例可以看到，刘婷本来是一位优秀、充满干劲的新人，兴奋地接受了这个任务，结果却是双方都很沮丧。刘婷很失落，觉得自己没有达到领导的要求，看到王强对她的失望，甚至对自己产生了怀疑。而王强呢，在非常紧的时间内熬夜加班完成了这份报告，从时间管理的角度来看，这份报告的质量一定不是最好的。更可怕的是，王强对这位原来感觉还不错的下属产生了不信任。

我们能看到的是，王强的授权出现了问题。授权绝对不是把任务交出去就结束了。管理者要根据任务的复杂程度以及被授权人的专业能力决定如何跟进。跟进少了，就像王强一样，下属任务完成无法达到要求；而跟进多了，下属会感受很差，觉得不信任他，影响积极性。因此，管理者一定要掌握好跟进的频率及方式，以达到授权的最佳效果。

再看第二个案例。

李杰担任部门经理以来承接了很多的项目，在各个项目的实施中，由于整个部门的通力协作，都非常顺利地完成了任务。

领导看到了李杰的潜力，想把更重要的担子交给李杰。这一次是希望李杰和他的团队在一个月内完成一个重要客户的市场推广活动，这个客户对于公司是非常关键的，不容半点闪失。

李杰在接到任务后，发现目前部门的刘力、姜强团队都有重要的项目在进行，无法抽身。张克是新人，赵毅和沈苏团队一直没有做过客户协调方面的工作。唯有王刚，目前是最适合的人选，一直在做客户服务相关的工作，具有丰富的客户处理和维护经验，所以他准备把这项工作交给王刚的团队。

在交付任务的时候，虽然李杰强调了任务的重要性和对王刚的信任，但王刚表示，自己理解李杰的安排，也愿意接大的项目，但是这次任务非同寻常，团队从没有接到过这么重大的任务。他担忧万一完不成任务，不好交待，希望李杰重新考虑，将这项任务交给其他团队，自己可以和其他团队调换任务。

李杰困惑了，有能力的下属不愿意接受工作任务怎么办？到底怎么安排才是最好的呢？

这个案例出现了授权中的另一个问题，下属不接受授权。下属为什么不愿意接受授权？这个问题需要这样思考：当有一项任务需要授权的时候，如何确定最合适的人选？这需要我们考虑清楚授权的目的，是为了完成工作，还是为了培养员工能力？还是两者都有？接下来考虑意愿问题，如何让这个人选愿意接受授权。

由这两个案例可以看出，我们都了解工作中要授权，但是哪些工作可以授权？具体授权给谁？如何授权？这都需要方法和工具来进行指导。

## 二、所有的工作都可以授权吗

答案是否定的。我们来学习适合授权的工作包括哪些。

请看下面清单列出来的内容，大家认真思考和判断，哪些工作可以授权，哪些工作不适合授权？

（1）代表你出席一次公司例会；

（2）写一份部门之间的会议备忘录；

（3）今日的快递及邮件分类；

（4）组织集体讨论一些新想法；

（5）阅读相关的商业杂志和书籍；

（6）与下属进行绩效谈话；

（7）与最大客户或销售代理商的会谈；

（8）安排你的个人假期；

（9）处理团队内的人际争端；

（10）制订部门预算；

（11）把工作目标提交给你的上司；

（12）安排你的公务差旅后勤事宜；

（13）对新员工进行指导；

（14）为会议安排咖啡和甜点。

看完这份清单之后，每个人可能会有不同的看法。先给大家介绍授权的基本内容，可以授权的工作包括以下这些：

第一，属于员工的工作及能力范围内的活动。如果是员工职责内的事情，一定要让他自己完成。我曾经共事过一位经理，他的工位与我相邻，他总是向我抱怨很多事情干不完。但是我经常看到他在干一些不应当由他来做的事情。比如他的下属在外地，寄来的账单不符合规定，而这位经理每一次都会帮助下属重新贴好，第一次因为下属对报销要求不熟悉，急着要拿到报销款，帮他贴还算情有可原。但是坚决不能出现第二次，这是员工职责范围内的事情。这是第一类必须要授权的事情。

第二，一些由员工来处理可以节省上司时间的工作。比如一些团队报表的收集整理、团队活动的后勤安排等，这一类工作的特点是重复性强，而且比较费时，可以授权。注意，要综合考虑整个团队的人员分布情况，如果长时间只固定授权给几个人，会让被授权多的同事有一些不好的感受。还要注意运用在公开的场合对有贡献的同事表示感谢和激励。

第三，以组织目标或组织需要为导向的人才培养。这一类与前两类有所不同，因为目的发生了变化——培养下属的能力。这类工作具有一定的挑战性，因此在授权的时候考虑清楚这类工作需要的能力，哪位下属需要增强这类能力，既符合团队需要，又符合员工能力发展方向。考虑好后再展开授权。在授权谈话的时候，如何谈也是有技巧的，在后面的内容会给大家详细介绍具体技巧。

以上三类是适合授权的工作。

不适合授权的工作主要包括以下这些内容：

（1）方向及战略性的计划；

（2）目标或预算的设定；

（3）平息员工之间的争端；

（4）纪律处分或激励士气；

（5）重要沟通；

（6）对员工的教导或辅导；

（7）评估考核员工的工作表现；

（8）棘手的问题、私人的问题。

这些工作的特点是偏向于管理者工作职责中最重要的部分，如团队方向策略、预算、人员的相关问题等。私人的问题也不适于授权。我曾听说过某位经理让整个团队去帮忙搬家。怎么看这类行为？我的建议是可以问问自己，这类行为有利于提升个人影响力吗？如果有，就可以做；如果没有甚至会透支个人信用，最好不要做。个人影响力的提升是一个缓慢存储的过程，却可以迅速透支。

在掌握了以上要点后，再看那份任务清单，哪些工作是否适合授权就清楚了许多（表4-1）。

表4-1　不同工作任务是否适合授权的建议

| 工作任务 | 是否适合授权 |
| --- | --- |
| 代表你出席一次公司例会 | 可以授权，节约上司时间 |
| 写一份部门之间的会议备忘录 | 可以授权，节约上司时间 |
| 今日的快递及邮件分类 | 可以授权，节约上司时间 |
| 组织集体讨论一些新想法 | 可以授权，节约上司时间，前提是还没有到做决定的程度，只是收集想法 |
| 阅读相关的商业杂志和书籍 | 自己的事情，无法授权 |
| 与下属进行绩效谈话 | 关于人的事情必须自己处理，无法授权 |
| 与最大客户或销售代理商的会谈 | 和自己的工作目标直接相关，属重要沟通，最好自己出现，以示尊重，无法授权 |
| 安排你的个人假期 | 私人事务，无法授权 |
| 处理团队内的人际争端 | 与人相关，无法授权 |
| 制订部门预算 | 预算类的工作，无法授权 |
| 把工作目标提交给你的上司 | 直接与上司打交道，属重要沟通，无法授权 |
| 安排你的公务差旅后勤事宜 | 与工作相关的差旅后勤可以授权给助理，但私人出游等不适合授权 |
| 对新员工进行指导 | 可以授权给老员工，目的是指导新员工的同时提升老员工的辅导能力 |
| 为会议安排咖啡和甜点 | 可以授权，节约时间 |

## 三、授权的益处

我们了解了授权的重要性，为什么有很多可以授权的工作并没有授权出去呢？除了不了解如何具体授权，还有一点是因为管理者没有真正了解授权的益处。

### 1. 授权可以让管理者集中心力做重要的事

时间管理的方法告诉我们，首先要保证做正确的事，它代表方向。其次才是正确地做事，它代表效率。哪个更重要？当然是方向。管理者每天面临各种各样的事务，首先要做的是确定哪些事务是真正重要的，不重要的事务就要授权出去，比如说一些常规的团队报表收集、活动的后勤准备等。这与第一章介绍时间管理提到的一条重要标准"符合角色且无法授权"是关联在一起的，可以授权的内容属于第三或第四象限，无法授权出去的内容符合重要的标准，属于第一或第二象限。管理者应集中心力做重要的事。

### 2. 授权能够体现对下属的信任，调动其积极性

我们可能遇到过这样的领导，事情无论大小都要亲自过问，交代工作后又表现出不放心。不被信任的后果会打击人的积极性。我曾经见过一位销售总监，他的直接下属是大区经理，大区经理下面还有地区经理，但这位销售总监经常会就一些问题越过大区经理，直接和地区经理沟通。沟通过后再给大区经理说："你们团队的这个事情，我已经和地区经理沟通过了啊，给你说一下。"

刚开始，大区经理们还只是觉得有点不舒服，大家都开玩笑说："这老板有意思，不是我们向他汇报工作，而是老板向我们汇报。"到后来，大区经理们越来越觉得不好，都说："你把我们的工作都做了，我们干吗？你那么爱干大区经理的工作，当总监干吗？"后来，大区经理们纷纷离职了。这其实就是基本的授权工作没做好，他做了下属职责内的事情，越级管理后，让大区经理们感到不被信任，影响了大区经理的积极性。

### 3. 做好授权有利于发现人才、锻炼人才、培养人才

人才的培养永远是管理者的重点工作。通过授权的方式可以发现人才，从接受授权的积极程度可以判断被授权者的心态，接受任务之后可以判断被授权者学习能力的高低，面对困难和挑战时的表现可以判断他的心理素质如何。

**4. 授权有利于团队建设，提高组织整体产能**

管理者把各项工作任务进行合理分类，根据不同任务的特点合理授权，这样可以提升整个团队的产能，同时运用这样的机会进行团队分享、认可和激励，提升团队氛围，有利于团队建设。

**5. 授权可以避免领导专断，降低风险**

回想刚才那位销售总监，他的授权做得如此之差，大区经理根本没有机会表达自己的想法，这样做出的决策很有可能是专断的，而且会带来很大的风险。通过授权，可以在这个过程中发现一些新的想法和机会，因为每个人的力量是有限的，想法都有其局限性，通过授权可以在团队中集思广益，有助于确定正确的方向。

从员工的角度来讲，做好授权工作对员工同样有益处，包括以下五点：①通过被授权合适的工作，个人能力得到发挥和体现；②员工感觉被信任，工作的意愿更强烈；③工作能力得以更快提升；④有充分展现的舞台与空间，员工流动率下降，团队氛围好；⑤群策群力，可以得到更多创意。

了解了授权的益处，就可以让管理者充分授权吗？还是不够。我们还要了解管理者不愿意授权的十大原因。

## 四、管理者不愿意授权的十大原因

关于管理者为什么不愿意授权，主要有以下十大原因。

（1）害怕失去地位。如果下属做得很好，我会不会地位不保？

（2）害怕失去控制。如果下属的工作完成得很好，下属能力提升了，翘尾巴怎么办？会不会不听我的话了？

（3）害怕下属赢过自己。下属的能力比我都强了，我这个领导的面子往哪里搁？

（4）害怕下属抢功劳，得到"荣耀"。下属的风头超过我怎么办？

以上四条阻止授权的原因基本类似，核心原因都是管理者对于自己信心不足，或者说内心不够强大，总是担心下属会超过我们，让我们在上级领导面前失去信任和相应的地位。这个想法很普遍，许多管理者或多或少都有过。如何面对这样的想法？请大家思考两个问题：

问题一：我是靠什么得到这个职位的？是专业能力、管理能力、沟通能力、思维高度还是巴结老板？哪个占的比重高？

问题二：我的核心竞争力是什么？这个岗位或者再发展的下一个岗位要求分别是什么？差距在哪里？

当认真地思考了这些问题并找到相应的差距后，接下来需要做的是制订行动计划缩小这个差距。只有不断地进步，才会增强自信心，内心逐渐强大起来，思维层次也会不断提升，就不会在意下属是否会超过你了。因为下属中一定会有发展潜力更强的人，授权给他们，让他们加速成长。另外，为公司、行业培养出更多的人才是一件多么伟大的事情，我们也会得到更多人的尊重。而试图通过打压下属维持自己地位的人，发展很可能会受到限制。

如果大家担心下属表现好会影响自己在公司中的地位，那么分享一个我的亲身经历供参考。

我在国内最大的制药公司工作的时候，全国共分为十个业务区域，每一位区域业务负责人都向董事长直接汇报工作。在各种场合，我经常听到董事长这样评价："某某某，你在培养人才方面不如某经理，今年他为我们集团培养了两位省公司经理、四位办事处主任，这方面你要向他学习啊。"

由此可以看到，培养人才的能力在高级别的企业家心中有着非常高的定位。他会关注每一位高管为公司培养了多少人才，所以在这个公司也形成了一种制度，就是把相应的高潜力人才由区域业务负责人通过推荐的方式，轮岗到董事长身边工作一段时间。董事长会在这个过程中判断被推荐人才的综合能力，用这样的方式来判断这些高管的人才培养能力。这就倒逼着高管们在培养人才方面下功夫，输送人才的数量和质量都会迎来挑战。如果我们还在担心下属表现好会影响自己的地位，就看看这些高格局的管理者是如何看待这件事情的吧。

（5）自己做会比较快。授权给下属去做是需要一个过程的，有时候下属做比你自己做要慢，要花费更多的时间。但是从管理者与下属双方得到的益处来看，管理者也要授权。如果某个任务非常急，为了按时完成，自己做了，但是我们心里清楚，在任务结束之后还是要花时间授权给下属去做，这也是格局高、看得长远的表现。

（6）对员工的信心不足。这需要我们增强对员工的信心，充分清楚地判断其专业能力，同时采取针对性的跟进方式。随着下属的能力不断提升，工作便进入了良性循环。

（7）不允许犯错误。任何人都会犯错误，包括我们自己。若想让员工少犯错误，就需要用合理的方式去授权，前提是要能够授权。

（8）害怕下属工作量过大。这点确实很重要，因为在日常工作中，如果观察到员工的工作量确实已经很大，在授权时要多考虑，目的是为了提升团队效率还是为了培养个人能力？如果目的是提升团队效率，应合理分配任务；如果是为了培养个人能力，员工也非常认可，那么工作量的负荷可以适当加大。管理者一定要有合理的判断，控制好工作量。

（9）对员工的发展漠不关心。这样的领导不是一个合格的领导。

（10）缺乏授权的经验导致我们不愿意授权。新任管理者没有授权的经验，不知道该如何授权、如何跟进，包括具体怎么谈话等。

以上是管理者不愿意授权的十大原因，请大家课后进行反思对照，也许会对你以后的授权有所启发。

## 第二单元
# 如何有效地授权

在了解了授权的益处以及管理者不愿意授权的十大原因之后，大家深刻地认识到成为一名合格的管理者，如何授权是必须要掌握的。从这一部分开始学习授权的流程。

## 一、授权前的准备

授权之前要做好以下五个方面的准备。

### 1. 考虑清楚授权的目的

通常来讲，授权的目的有两个，培养员工和提升团队绩效。有的时候是两者兼备。以你对某位员工的了解，他在某一方面的能力是需要提升的，而这个能力的提升与他完成本职工作的具体能力以及他的发展方向息息相关，这个授权的目的就是培养员工。另一个目的是为了提升整体团队的绩效，同时可以节约管理者的时间，比如数据统计、活动的后勤准备等。还有一些场景是兼顾两个目的，既能提升团队效率，又可以培养员工的某项能力。比如让某位老员工带一位新人，可以在提升团队效率、节约管理者时间的同时，又可以提升老员工的辅导能力。

在授权之前一定考虑清楚授权的目的，因为这会影响随后的一系列行动。

### 2. 选择授权的项目/任务

要考虑清楚以下几点。

第一点是这个任务是否可以授权出去，并且管理者要考虑授权的任务是否符合相应的标准。

第二点是考虑工作的难度。难度会影响选择授权对象，以及后续跟进的问题。

第三点是考虑工作的时间需求是否紧急。因为在特别紧急的状况下是不能授权的。大家心里一定要清楚，即使偶尔我们自己做了这项工作，在后面的工作中还是要用授权的方式培养下属这方面的能力，以免这种情况再次发生。

第四点是考虑工作所需的资源。这项工作需要哪些资源？员工是否需要我们的帮助或者支持？

第五点是风险问题。如果某个任务非常重要，稍有问题就可能带来严重影响，那么这个项目是否能够授权出去？或者即使授权出去，管理者跟进的频率有多高？需要我们考虑清楚。

### 3. 界定双方的角色与责任

授权者的角色主要是跟进、指导和反馈，还是帮助被授权者协调资源？授权者的责任是在多长时间内有多少次的跟进。被授权者承担的责任是如期地完成任务，以及清楚需要做哪些具体工作。

再次强调，尽管已经授权了任务，但第一责任人是管理者，即授权者。

### 4. 选择合适的员工

我问大家一个问题，在选择合适员工的时候，是先考虑能力问题，还是先考虑意愿问题？答案是意愿而不是能力。如果意愿度不高，即使能力胜任，但一定会影响任务的完成质量。我们要先解决员工的意愿问题，意愿是基础，在意愿的基础之上，再根据能力强弱来选择不同的跟进和帮助方式。

### 5. 设计反馈机制和监控方式

反馈机制和监控方式会影响授权任务的完成质量。是每天下班的时候进行一次监控跟进，还是三天一次？被授权者每天微信汇报当天的进展，还是发邮件或者是附上项目进度表？在遇到问题和挑战后是随时可以来问，还是约定每天的一个时间把问题集中一起来问？这都是在授权前要做好的准备工作。授权前的准备工作做得越充分、越详细，越有利于具体授权过程以及授权后的跟进。

## 二、授权中的行动

授权中的行动包括授权时的六项行动、授权程度的四个等级以及确定授权等级的方法。

### 1. 授权时的六项行动

如何开展授权呢？先来看一个案例。

## 工作授权

你是销售部门的主管，负责整个华东区域的销售工作。团队共有四名成员。公司即将上市一个新产品。这个产品比较特殊，它对于客户的潜力数据收集提出了更高的要求，公司的客户管理团队也在紧锣密鼓地展开全新一轮的客户信息收集工作，要求每一个团队派一名人员与客户管理团队对接，负责跟进信息收集工作，全部工作必须在两周之内完成。身为主管，可以亲自负责也可以考虑授权给团队某一位成员负责此项工作。经过思考，你决定将它授权给某一位同事来负责。

林华，25岁，加入团队不到一年。目前主要负责的是周边区域，差旅很多，业务正在上升阶段，你不想分散他的精力，想让他继续把周边区域做好。

张磊，28岁，加入团队两年，目前负责的是最大的市场，竞争激烈，各种销售活动非常多，重要客户的各种需求也很多，你也不希望分散他的精力，希望他集中精力将这个大市场份额继续提升。

王刚，32岁，加入团队三年，兢兢业业，负责本市的中小市场，业绩稳定。目前团队的大部分数据统计等工作都由他负责，工作量已经饱和，你不想再给他增加负担。

李玲，是团队中资历最深的一位，今年35岁，已经加入公司六年。目前负责的是第二大的市场，你是她的第三位直接领导。她的业务能力还算可以，但你总感觉她好像投入力度不太够，每次都是刚好达成指标，很少超额完成。她也不止一次和你沟通过她想承担一些大的项目，给自己一些锻炼机会，为全方位能力提升打好基础，以便于升职。

考虑了每个人的情况之后，你认为李玲是这项工作的最佳人选。但是这个项目不算是很大，你担心她不乐意接受。经过认真思考之后，你不想改变自己的决定。

案例看完了，请大家构思一下如何进行这次沟通。我们来看看这位主管是如何做的。

主管：李玲，有一项工作要交给你。

李玲：什么任务呀？

主管：你知道最近公司要上市一个新产品，要做一些数据信息收集的工作，与客户管理团队对接，我决定把这项工作交给你来负责。

李玲：为什么要交给我呢？都是些收集基础信息数据的工作，这些数据基本上已经有了，还有什么要收集的？

主管：这个产品不一样，需要的数据跟原来也不一样，肯定是要收集的，现在交给你可以吗？

李玲：我觉得这个工作对我来讲没有什么意义，不就是整理数据嘛，交给别的同事做吧，我负责的那个市场最近事情特别多，我都忙不过来了。

主管：你是不愿意给团队做这样的贡献了？

李玲：不是我不愿意贡献，我是觉得这个工作的意义不大，你交给别的同事去做吧。我还是集中精力把我的工作做好，拿到销量最重要。

主管：这……

大家看到了，授权不成功，下属不愿意接受这项工作。我们从教练的视角来采访一下这位员工。

教练：你为什么不愿意接受这项工作呢？

员工：我觉得这不是我想要的，也没有看出来有什么意义，就是些整理数据的事情，和我的发展方向不符合。

教练：还有吗？

员工：我觉得沟通氛围不好，他全程都像是命令我，要是我刚加入公司，可能我迫于压力接受了，我在这个团队这么久了，经理都换了三个，用这样的语气语调，我心里不舒服。

大家听到这位员工的心声了吧，即使管理者在授权之前准备工作做得很充分，但是在实际授权过程中没有运用恰当的方法，依然可能不成功。

在授权的过程中，我们要通过以下六项行动来让下属愿意接受授权。

（1）以肯定积极的态度鼓舞人心。积极正向、鼓舞人心的态度对于沟通过程中营造积极氛围是至关重要的。设想一下，我们在被授权的时候都希望授权者用一种积极的态度来授予工作任务，而不是一种消极的态度。

（2）说明该工作的重要性，解释授权工作的内涵。管理者要说明该工作的重要性，因为重要，所以才会授权。还要解释这项工作的内涵，也就是这项工作对于个人、团队甚至是整个公司的重要性以及相应的意义，通过这样的方式让下属感觉意义重大，责任感和使命感油然而生，而不是要让他去干一件没人愿意干的事情。

回想在第一单元"授权中的困惑"案例中的王刚，如果在沟通过程中注意营造积极的沟通氛围，不但强调任务的重要性，还要解释一下授权任务的内涵，让王刚产生责任感和使命感，他更有可能接受授权。

（3）说明任务，提供信息，明确目标结果与里程碑。在授权的过程中，管理者要非常清晰地说明任务，提供相应的信息，同时明确这个任务的目标结果与里程碑。

（4）说明被授权者拥有的权限（人力、时间与金钱），鼓励积极性与创造性，同时不偏方向。在授权的过程中，管理者要告诉下属拥有的权限，包括在人力、时间与金钱等方面给予的支持。同时，鼓励下属发言，调动起他的积极性和创造性。可以问他："你对这些任务有什么想法吗？"要鼓励下属多思考，发挥创造性，同时不要偏离方向，管理者要把控大方向，确保这些新想法始终处在正确的方向上。

（5）取得被授权者对达成结果的承诺（目标与期限），要求复述（任务与范围）。管理者在和下属沟通之后，需要下属的承诺，这样会让被授权者具备充分的责任感。下属要复述他的工作任务和范围，也要明确目标与期限，并且要确保在谈话结束的时候，双方的理解是一致的。这点很重要，因为经常出现这种情况，管理者认为沟通已经达成共识，但是下属的理解存在偏差。

（6）确定追踪的时间与方式，达成共识。在授权之后，管理者绝不可以放任不管，因为授权出去的任务第一责任人仍然是管理者。管理者要根据对被授权者的了解，包括专业能力和意愿，综合判断多长时间进行一次追踪。是一天一次、三天一次还是一周一次？这个节奏在授权谈话结束时达成共识。

再回到刚才那个案例，经过六项行动的学习和演练后进行授权谈话，看看有什么不同。

主管：李玲，请坐，喝杯水，最近怎么样啊？

李玲：还好，一切都算顺利，虽然有一些问题，我都在尽力地解决。

主管：好的，有什么需要帮助的地方随时和我沟通。这次来找你，主要是有个事情想跟你谈一谈，这件事情不论是对你还是对团队都很重要。

李玲：什么事情，您请说。

主管：好的。你知道最近我们要上一个新产品，这个产品对公司来讲意义重大，因为它对我们公司未来发展以及对我们每个人的专业能力都提出了更高的要求。一直以来，我们在这种比较高端价值产品销售方面经验不足，一直欠缺一个实际的产品，所以这个产品的销售对我们所有人来说都具有非常重大的意义。

李玲：我也听说了，据我了解这个产品已经快上市了，我们也挺期待能够在这个产品上取得很好的销售业绩。

主管：是的，你看到我们的客户管理部门也在做一些相应的工作，因为我们收集的客户原有信息用于原来的产品是够了，但是现在这个产品的销售思路与原来的完全不一样，它要求有更详细的数据，帮助我们确定潜力市场在哪里，如何能够集中我们的优势资源进行销售，你在这方面的经验很丰富，你觉得呢？

李玲：我感觉也是。我们的产品目前就是这样，因为毕竟做的时间也很长了，所以好像不用做得太细致就能达成指标，但现在这个产品可能不行。

主管：是的，所以我们现在有一个很重要的任务，就是需要统计出我们区域里关于这个新产品更详细的潜力数据，与客户管理部门进行对接。我考虑在整个团队中你的经验是最丰富的，而且对这个产品所在领域的理解也是最深刻的，所以我想授权给你代表我去和客户管理部门对接，这对我们来讲是非常重要的一件事情。你觉得怎么样？

李玲：我觉得挺好的，就是有一些担心，我担心大家的配合程度。因为我毕竟不是领导，如果同事们没有按时交这些数据，我也不好意思催大家。

主管：好的，我理解这一点担心，所以我会发一封正式的邮件给大家，告诉大家这件事情的重要性，然后授权你来负责这项工作，大家要按时上交，我也会把这封邮件抄送给客户管理部门，他们也能看到是你来负责对接这件事情，可以吗？

李玲：好啊，我觉得这样应该会好很多啦！

主管：好的，相信你肯定会做好这项工作，这也可以增加一些跨部门合作沟通的机会，对你将来的发展会有帮助。我们再确定一下，我们有两周的时间完成这个任务，今天我就把邮件发出，我们三天进行一次跟进，你来向我说说进展情况，是否还需要提供哪些帮助，可以吗？

李玲：好的，没有问题，我会努力把这件事情做好的。

主管：很好，为了避免出错，保证我们的理解是一致的，可否再复述一遍，我们共同要做什么样的事情？

李玲：好的。我们要做的就是要在两周内完成收集新产品的客户潜力数据。我要负责把我们团队中每一位同事负责区域的潜力数据汇总起来，然后交给客户管理部门。每三天我会跟您来汇报一下进展情况，遇到困难随时和您沟通。

主管：非常好，我相信你一定会高质量地完成这个任务。

李玲：好的，谢谢领导的信任，我先出去了。

可以看到，在这次授权谈话中，下属比较顺利地接受了授权。主要原因是管理者在授权谈话过程中运用了六项行动，大家具体可以参照下面的表格（表4-2），在以后的授权谈话过程中使用。

表4-2　授权谈话记录清单

| 重点 | 记录 |
| --- | --- |
| （1）以肯定积极的态度鼓舞人心 | |
| （2）说明该工作的重要性 | |
| （3）解释授权工作的内涵 | |
| （4）说明被授权者拥有的权限 | |
| （5）取得被授权者对达成结果的承诺 | |
| （6）确定追踪的时间与方式，达成共识 | |

### 2.授权程度的四个等级

上一部分介绍了授权时的六项行动，可以帮助我们把工作任务授权给下属，保证任务的顺利完成。其中，有一项行动至关重要，就是最后一项——确定追踪的时间与方式，达成共识。这一项行动要求管理者在授权谈话之前就要确定合适的追踪频率以及方式。因为针对不同任务及不同员工，管理者采取的授权程度是不同的。具体如何分等级，有相应的标准吗？这部分介绍相关内容，让我们清楚地了解任务授权之后如何做到以最佳频率跟进，在保证结果达成的同时，又不会让员工因为被盯得过紧而感受不好。

从员工成熟程度、管理者监督程度和授权程度的不同出发，将授权方式分为四个等级（图4-1）。

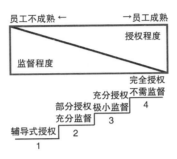

图4-1　授权方式的四个等级

第一等级是辅导式授权。这个等级的特点是员工不成熟，不具备相应的专业能力，管理者的监督程度最高，授权程度最低。下属可以提供相应信息、分析与建议，但是需要管理者决定具体如何做，管理者决定监督或者反馈的方式，通过正式的授权谈话授权给下属，由下属来实施。在这个等级，管理者要求下属的反馈频率和被跟踪频率是最高的。

第二等级是部分授权。随着员工的成熟程度以及相应专业能力的提升，管理者可以部分授权，充分监督。具体是确认好项目后，提出标志项、时间、费用以及资源的限度，可以由员工提出计划以及实施方案。管理者认可后，没有太大的方向偏差就可以让下属进行实施，还是由管理者来决定监督和反馈的方式。

第三等级是充分授权。随着员工更加成熟，专业能力越来越强，基本可以独当一面，管理者监督程度更小，授权程度也更高。这一等级基本是充分授权，极小监督。与第二等级不同的是，在管理者确认项目后，由员工来决策行动以及报告的结果，员工提出如何向管理者反馈，多长时间一次，管理者只要认可就可以进行实施。

第四个等级是完全授权。当员工的成熟度以及专业能力最高的时候可以到这个等级，完全授权，不需监督。在确定项目后，管理者只要给下属指出最后的期限、费用及资源的限额等，将决策和行动的权力完全授予下属，可以不监督，也不用跟踪，只需要一个最终的任务完成报告就好。对具体行动没有限制，可以不用关注下属怎么做，除非有重大问题出现。可以明确地和下属说："这个任务，放手去做吧，某某时间给我结果就好，如果出现了重大问题，随时来找我。"

分等级授权的好处是什么？通过不同等级的授权，可以最充分地帮助管理者在保证授权工作任务目标的同时，让下属的感受最好。恰到好处的授权对员工是一种激励。但是在日常工作中，会有大量授权程度掌握不好的现象出现。有一些员工的成熟度和专业能力还没有达到一定的程度，若管理者把任务交给他之后就放手不管，只等最后的结果，就像前面看到的案例一样。还有一种出现频率更多的现象，授权后，管理者跟踪和监督过于频繁，这样会让下属有一种不被信任的感觉，他的感受非常差。结合前面介绍的XY理论以及超Y理论，管理者要对员工有充分的了解，针对不同员工、不同任务以及员工的不同专业能力，采取恰当的管理方式，在X和Y中找到最佳平衡点。这个平衡点找得越准，员工的感受越好。再次强调大前研一先生的话："感受比知识更重要。"关于这一点体会，正在阅读的你是否曾经有过？说到这样的管理者，你脑海中有没有浮现出某个人呢？

了解了授权的四个等级之后，如何确定用哪一个等级来对员工进行授权？凭管理者的感觉吗？有没有具体工具或者方法？接下来介绍一种方法，帮助管理者确定合适的授权等级，在保证任务结果的同时让下属的感受最好。

### 3. 确定授权等级的方法

先看一个案例。

招聘任务授权给谁

何超是人力资源部的经理，有四名下属：两位负责组织和实施培训业务，其他两位负责处理除培训以外的人事工作。原来各分公司销售人员的招聘是由各分公司自行处理的，但在最近组织部门职能调整后，人力资源部负责各地销售人员的招聘。何超对于招聘各地销售人员这一附加任务感到有点儿压力。他没有时间亲自做这项工作，他相信他的下属有能力完成这项工作，他准备在今天下班前决定这项工作的人选，同时决定用第几级授权方式授权给这位下属。

何超对四名下属的工作态度、经验、兴趣和目前的工作量逐一进行了分析评价：

王立，20岁出头，大学刚毕业，工作热情很高，目前主要负责培训工作，在招聘、面试技巧以及经验方面有所欠缺。

李阳，30多岁，外向，热情，积极进取，主要负责收入、福利等工作，在公司已经工作三年了。

林玲玲，30多岁，进公司以前曾在一家中美合资企业做过销售培训的工作，有丰富的销售培训经验。现在的任务有新员工培训、管理培训、基础销售技巧培训等。

梁群，50多岁，曾经是何超的上司，明年退休，最近正在忙着去美国探亲的事。对于人力资源部的各种工作非常熟悉，例如招聘、培训、收入、福利、绩效管理、员工关系、人力资源规划、行政等。

谁是这个工作的最佳候选人呢？谁能从这项任务中受益？谁能在未来接下这个工作呢？何超想到了一个合适人选。


思考：

1.若你是何超，选择谁承担此项任务？为什么？

2.如果授权给这位同事，准备用第几等级的授权？


大家的选择可能不太一样。有选择王立的吧，为什么？大家可能会说他热情，有冲劲，积极性没问题。如果选择王立，授权的级别应该是哪一级？大部分人肯定认为是第一等级授权，就是辅导式授权，因为他的成熟度最低，也没有任何的经验，故一定要高频率跟踪，要盯紧。

如果选择李阳，他热情、积极进取，对于招聘工作也没有什么经验，所以授权的级别也比较低，可能是第二级，因为他的成熟度会比王立高一些。

如果选择林玲玲呢？是不是她的授权级别会更高一些？尽管她没有招聘的经验，但是她做过销售，对销售岗位比较了解，授权的级别可以高一些，但不会是第四级。

梁群，可能有不少人会选择他，他的经验丰富，可完全授权，但是授权给梁群的关键是先解决意愿问题，因为意愿比能力更重要。

从这个案例可以看到，在确定授权等级的时候，我们会有一些相应的主观感觉。如何把这种主观感觉用一种工具客观地帮助我们确定授权等级呢？下面介绍一种方法，主要分为三步。

第一步是确定相应能力项。以案例中要授权的工作来举例，先把这项工作需要的主要能力项进行分解，看看需要哪几项能力。这个工作任务首先需要的能力是招聘经验，其次是岗位理解，还有其他一些能力项，如性格分型等。我用招聘经验和岗位理解两个能力项帮助大家理解这个方法。

第二步是定权重。在这两个能力项中，招聘经验占50%，岗位理解占50%。不同招聘任务的能力项，权重是不同的，如果招聘的岗位专业性非常强，如制药公司的医学部要招聘医学科学联络官（medical science liaison，简称MSL），有可能岗位理解要占80%。在这个案例中，因为销售岗位相对简单，所以定为50%。

第三步是加权求和。根据每一位下属在每一个具体能力项方面的表现打分，最低是零分，最高是十分。比如对于林玲玲，招聘经验可能打3分，因为她没有做过招聘，只是在人力资源部工作时间比较长，略了解招聘工作；岗位理解应该可以打8分，因为她做过销售培训工作，对销售岗位比较了解。加权求和，得分是3×0.5+8×0.5=5.5分。我们把四个等级以2.5作为一个等级的话，得分在5分和7.5分之间，属于第三等级。同样的方法，王立只能得2分，属于第一等级，辅导式授权；梁群可以得8分，属于第四等级，完全授权。确定了等级后，根据不同工作来确定具体授权方式。因为不同工作的时间单位是不同的，有些工作的周期很长，以月为时间单位；也有一些工作的时间单位是天，甚至有以小时为单位的。具体情况应具体分析。

这是一种思考方式，当一项需要授权的工作不好确定用第几等级的时候，这种方法可以提供帮助，供大家参考，请灵活应用。

## 三、授权后的行动

大家看到这里的时候，授权的工作已经进入尾声。这些工作都顺利完成后，授权工作结束了吗？没有。还有最后一步，授权后的四项行动。

**第一项行动，将风险减至最小。** 刚开始的时候明确过，即使工作任务授权出去了，第一责任人是管理者。因此，授权者要预防风险，如哪些关键点容易出问题；万一有风险出现，授权者是否有替代方案等。

**第二项行动，密切关注过程，同时与被授权者保持一定的距离。** 如果距离太近，被授权者会觉得他没有得到信任，他的感受会不好。即使是第一等级的授权，也应该与被授权者保持一定距离。可以通过其他的方式加强监督，如通过提高汇报的频率来实现对过程的关注，但切记要保持一定距离。

**第三项行动，在必要时提供资源和支持。** 在被授权者执行工作任务的过程中，有时候会出现需要资源和支持的情况。授权者要随时关注，如果被授权者遇到困难，授权者及时提供资源和支持，这都会增加被授权者完成任务的信心，达到授权的目的。

**第四项行动，评估与奖励。** 每一次授权任务结束之后，授权者应该与被授权者进行一次正式的沟通谈话，授权者可以邀请被授权者就这个任务发言，在这个过程中有什么收获？遇到了什么挑战？如何解决遇到的问题？就这些内容进行总结与思考，并给予一些积极反馈，让被授权者能力得到相应提升，增加信心。如果没有总结和思考，这个过程或许只是一段经历，单纯的经历是没有任何价值的。经历只有经过总结和思考才能转化为经验，而经验是有价值的。管理者要帮助下属把经历转化为经验。

除了沟通谈话，还有重要的一点是给予奖励。奖励不一定是物质奖励，也可以是精神奖励。比如当众的表扬和认可，感谢他为团队做出的贡献。回想我在做管理者的时候，对于被授权为团队做出贡献的同事，我都会在正式的场合表示感谢，我会买一本书送给这位同事，当着全体同事的面感谢这位同事为我们团队做出的贡献，并说明这项工作对我们团队具有哪些重要的意义。这个感谢是必不可少的，因为下属会感觉得到认可，内心感受很好，处于被激励的状态。

到这里，授权的工作结束了。希望大家通过学习，能够做到合理授权给相应的下属，通过授权提升团队的效率，并让下属的能力得到提升。就像这部分内容的标题——共赢成长的授权，做好授权让下属成长，让团队成长，授权者在这个过程中同样得到成长。最后，准备了一个实用的授权问题清单，大家以后在授权之前可以用这些问题问自己，从而帮助我们厘清思路，查漏补缺，更好地达到授权的目的。

## 工作授权问题清单

（1）员工是否具备完成任务的能力？如果不足，如何培养？

（2）员工是否有愿意去完成任务，可以做什么来提升其意愿？

（3）员工是否被激励且充满干劲，有什么激励办法吗？

（4）员工的工作量过重或过轻？

（5）这项工作的意义及重要性是什么？员工是否了解？

（6）员工对自己能否完成任务是否有信心？

（7）员工对分工及目标是否认同？

（8）要完成该项工作需要哪些资源，是否已经提供？如果不够，该如何弥补？

（9）员工与主管之间是否有定期的沟通及执行进度的追踪，如何追踪？

（10）如何确保员工按时、按标准地完成任务？

（11）员工超标准完成工作时，如何给予肯定？

（12）员工若未按时、按标准地完成工作，会有什么后续状况发生？

# 第五章

## 迈向卓越的辅导

在了解了角色转换、绩效管理、激励和授权之后，这一章介绍另一个重要的管理技能——辅导。毫无疑问，辅导是管理者必须熟练掌握的技能，辅导技能的优劣会直接影响团队绩效以及管理者自身的发展。优秀的辅导者能够激发出被辅导者的自我认知和责任感，会超出期望地达成目标；而拙劣的辅导者会让下属厌烦，内心失去创造力和责任感，成为一部机械地完成任务的机器。如何让下属成为千里马，而不是把千里马变成驴一样只会转圈拉磨，这取决于管理者是否有辅导的心态，同时是否掌握辅导的技能。

在开始学习辅导的内容之前，先分享一个故事。有一个网球学校，有一年的暑期招收的学员多了，因此出现了教练不足的情况。学员的学习热情都很高，都不愿意推后自己的网球学习计划，于是网球学校的经营者很为难。这时，他突然想起来有一个朋友是开滑雪学校的，滑雪教练暑期都在休息。这个网球学校的经营者突然产生了一个大胆而疯狂的想法，可不可以让这些滑雪教练来教网球？于是他立刻和这个滑雪学校的朋友联系，说出了听起来有些不切实际的想法。滑雪学校的朋友帮他联系了几位滑雪教练，结果这些滑雪教练居然产生了兴趣，答应了下来，于是他们真的来网球学校教网球了。等学期结束，出现了一个惊人的结果，滑雪教练教出的学员成绩比专业的网球教练还好。是什么原因造成这样的结果呢？让我们一起看滑雪教练是怎么教网球的。滑雪教练先对学员说："打一个试试。"学员打完后，滑雪教练也不知道学员的技术动作究竟怎样，于是出现了下面的对话。

教练："你觉得这个球打得怎么样？"

学员："好像腰没使上劲，手臂抬得有点儿高。"

教练："好，自己调整一下，再打一个。"

学员自己思考后调整了动作，又打了一个。

教练："这次感觉怎么样？"

学员："好像用上力了，球似乎听话了，向我想要打的方向接近了一些。"

教练："怎么调整可以更好？"

学员："起跳的高度似乎不够。"

教练："好，再调整一下。"

我们发现因为滑雪教练不精通网球技术动作，所以他总是以提问的方式引导学员自己去面对问题，自己解决问题。

再看网球教练。学员每打完一个球，他马上会从专业的角度给出建议：这个胳膊要低一点，起跳要高一点。一旦教练给出建议，学员的责任瞬间会转移到教练身上，学员主动解决问题的意愿没有被激发起来，只是在被动地接受指令，能力提升受到限制。

还有另外一个故事。谢曼·查尤尔是20世纪70年代美国奥林匹克游泳队教练员，无论是在美国体育界还是在世界泳坛，他都是一位权威教练，还是一位为奥林匹克事业做出过巨大贡献的著名人物。查尤尔读大学的时候主修心理学，也是一名积极的体育活动分子，是美式足球和田径两个项目的校队队员。大学毕业后，他当过飞行员、教师和中学校长，后来成为游泳队教练员。查尤尔从事游泳运动的训练和教学工作后，为美国以及其他国家培养了不少世界级游泳巨星，如大名鼎鼎的"飞鱼"施皮茨就是出自他的门下。他培养的这些得意门生，在奥运会游泳比赛和世界游泳大赛上先后74次打破奥运会游泳纪录，62次打破世界游泳纪录，创造80次美国全国游泳纪录，夺得16枚奥运会游泳项目金牌。

在一次奥运会上，美国游泳队取得了突出的成绩，队员们兴高采烈地将查尤尔围住，后来索性把他抬了起来，不住地往上抛。嬉闹中，不知是哪位调皮鬼出了个"坏主意"，把查尤尔抛向了游泳池。教练在水里使劲扑腾着，队员们在池边哈哈大笑，以为教练在给他们开玩笑。结果扑腾了一会儿之后，查尤尔慢慢地沉下水底，好一阵子后还没有浮出水面——原来这样一位培养出许许多多"水上蛟龙"的游泳教练，成天与游泳池打交道的运动家，竟是一位"不识水性"的"旱鸭子"！队员们一看大事不妙，迅速跃入池中，抱起了奄奄一息的查尤尔。从此以后，谢曼·查尤尔是个"旱鸭子"的新闻就传开了。

为什么不懂专业技术的人可以教出成绩优秀的学员？结合管理者目前面临的巨大变化，以往的经验是否还适用于迅速变化的市场环境？我们的下属越来越年轻、学历越来越高、个性越来越突出，以往的管理方式是否还适用于这些新新人类？面对这些问题，我们从辅导的定义与价值、辅导的过程以及绩效辅导的实际应用出发，介绍一些有用的工具与方法，包括什么是教练心态，它与裁判心态的区别在哪里？用BEM（behavior engineering model）行为工程模型来判定哪些个人障碍是可以通过辅导改变的，哪些属于组织障碍而不能通过辅导改变。还会介绍技巧型辅导与策略型辅导的区别，辅导时间分配的矩阵图以及实地辅导中的三种形式（观察型、示范型以及解决问题型），最后是GROW模型的辅导谈话以及针对不同意愿的下属如何辅导，面谈中如何应对挑战等。

这一章分为三个单元来展开讨论。

第一单元是辅导的定义与价值，包括教练心态与裁判心态、辅导的定义与目标、辅导的核心信念以及辅导可以解决的问题。

第二单元是关于辅导的流程和技巧，包括辅导的不同类型、辅导时间分配和实地辅导流程。

第三单元是辅导的具体应用。这个单元解决实际应用的问题，不同下属的能力和意愿都不尽相同，辅导者如何用不同的方式来进行辅导，在辅导过程中还会面临不同的挑战，有些下属不愿意接受辅导，或者用一句话就想阻止辅导，遇到这种情况该如何处理？有不同表现和发展潜力的员工，辅导方式也会有所区别。

# 第一单元
## 辅导的定义与价值

### 一、教练心态与裁判心态

回顾之前的两个故事。滑雪教练教的网球学员进步更快；培养出十几位游泳奥运冠军的教练居然不会游泳！为什么非专业的教练，却可以教出成绩优异的学员？主要的原因是心态。接下来介绍两种心态，分别是教练心态和裁判心态。

滑雪教练在教网球的时候，因为他自己对于技术动作不是很熟悉，所以他在辅导学员的时候更多的是通过提问的方式，让学员自己感受技术动作及要领，让学员自己展开思考，分析自己的动作哪里有问题，应该如何调整，调整的幅度是多少。这就是教练心态，它通过教练不断地提问让学员自己思考，自己感受动作，自己提高技术水平。

网球专业教练则不同。因为他非常熟悉技术动作，所以他会明确地告诉学员哪里做得不对，应该如何做，更会明确地纠正学员的具体动作。这就是裁判心态，我直接裁定你的动作是否正确，怎样做才是正确的。裁判心态与教练心态的最大区别是学员的自我思考会减少，学员在等着你告诉他什么是正确的动作，因此提高的幅度受到了影响。

回想我们自己在学习开车的时候都有过这样的体会。比如倒车入库，如果教练就是一味地指挥你，向这边打几圈，向那边打几圈，踩刹车、换挡等，你会发现虽然把车倒进了车位，但是如果没人指挥，倒车入库的技术还是掌握不好。大家会发现，只有我们自己充分地展开思考，在脑海中一遍遍地回想每一个动作及幅度，才有了真正的进步，即使没有人指挥，也可以把车倒入车位。

回想到我们在日常工作中带领团队的时候，是裁判心态多，还是教练心态多？不同心态会对下属的能力提升、业绩完成带来很大的影响，时间久了就会影响团队的业绩。管理者要尽可能多地处在教练心态，尤其面对现在的知识型员工和新新人类，他们不喜欢被直接指导，更喜欢平等尊重地探讨与参与的感觉。

教练在哪个行业被叫的最多？一定是跟体育相关的行业。一般的体育运动有哪几类角色呢？运动员、教练和裁判。教练和裁判对待运动员有哪些不同之处？裁判公正公平，教练因人而异。运动员相当于我们的下属，管理者在工作中兼具两种身份，应该偏向于哪一种？多做教练，少做裁判，裁判无效时做教练，和下属关系紧张时更要做教练。什么时候做裁判呢？对大多数人的时候要做裁判，重要且紧急时要做裁判，下属确实不具备专业能力时也要做裁判。管理者要能够根据具体情况转换身份。

为什么教练心态对于管理者如此重要？我们看《高绩效教练》❶一书中针对工作者的调研数据，大部分人只在工作上发挥了40%的潜力，具体从个位数到80%，主要原因有外部阻碍与内部阻碍。外部阻碍包括：公司/上司的管理风格；缺乏鼓励和机会；公司的组织结构和习惯行为。内部阻碍包括：恐惧、害怕失败；缺乏自信；自我怀疑；缺乏信念。

可以看到，上司的管理风格是一个重要阻碍，其中包括管理者是做教练多还是做裁判多。做裁判多，会让下属产生一种时刻被评判的感觉，就会产生对于失败的恐惧、缺乏自信等内部阻碍。许多管理人员习惯在日常工作中做裁判，如果能够有更多的教练心态，同时掌握教练技术，通过更有效的辅导来提升下属能力，进而提升团队业绩。

## 二、辅导的定义与目标

辅导是一个帮助他人实现他的目标的互动过程。

大家要注意三个关键词。第一个是"帮助"。辅导是一个"帮助"的过程，

---

❶ 约翰·惠特默. 高绩效教练[M]. 徐中，姜瑞，佛影，译. 北京：机械工业出版社，2018.

而不是代替他做具体的事情。第二个是"他的目标"。辅导的对象是"他人"，实现的是"他的目标"，也就是以被辅导者为中心，不是辅导者。

第三个是"互动"。辅导需要互动，不是辅导者对被辅导者的单向输出，通过提问产生互动，双方都有思考的过程并且相互交流。在互动过程中，辅导者可以帮助被辅导者识别潜能发挥的障碍，并探索解决之道。

在谈到辅导的定义时，常见的误区有以下两点：

（1）认为辅导一定是经理对员工做的。事实上，辅导不一定是经理对员工的，针对谁都可以做。员工也可以通过提问来辅导经理；辅导者也可以通过提问对自身进行辅导。

（2）认为辅导者必须比被辅导者有经验，辅导者对问题一定有最佳答案。事实上，辅导者不一定非得在某个问题上比被辅导者更有经验时，才能去辅导对方。辅导的目的在于引导被辅导者自己发现问题，并找到解决方案，而不是辅导者自己有答案后去教给被辅导者。

大家一定听说过"培训Training""导师Mentoring"这两种形式，这两种形式都可以帮助对方提升能力，辅导和这两种形式的区别如表5-1所示。

表5-1　培训/导师与辅导的区别

| 培训/导师 | 辅导（Coaching） |
|---|---|
| 培训（Training）<br>教具体的知识和技能 | 通过引导，帮助对方思考工作中存在的问题并进行学习 |
| 导师（Mentoring）<br>由更资深的人分享经验和提供建议；<br>关注更长期的个人和职业发展领域 | 不需要更资深经验，通过提问和反馈引导对方思考和实践；<br>关注更短期的、解决工作中遇到的具体发展问题 |

辅导的目标是帮助人们建立觉察力、责任感和自信。觉察力是通过观察和诠释一个人看到、听到、感觉到的事物时的警醒而拥有对某事物的知识，也就是让被辅导者自己认识到哪些方面存在差距，哪些方面存在提升的空间。建立责任感是通过让被辅导者思考，针对自己的差距制订出相应的行动计划，因为是自己思考出来的行动计划，所以被辅导者会带着较强的责任感去执行，而不需要辅导者强加给被辅导者。因为被辅导者往往会对失败存在一些恐惧，有时

候会怀疑自己的能力，所以辅导一定是正面积极的态度，帮助被辅导者认识到自己的优势在哪里，从正面的角度去帮助他建立自信，而不是否定与打击。

辅导者一定要记住，帮助被辅导者建立觉察力、责任感和自信。有效的辅导过程能够激发和调动他人的潜能，以达到最佳的表现和业绩。另外，辅导者也可以向被辅导者学习。越年轻越有创意，现在的团队成员越来越年轻，"90"后的下属已经成为职场主力，"00"后也已经进入职场。改变他人的前提是我们要改变自己，更多地用教练心态与下属合作，从而提升团队业绩。

## 三、优秀辅导者的三个核心理念

从现在开始，我们可以开始尝试做辅导了吗？还不够。接下来介绍优秀辅导者的三个核心理念，通过对三个核心理念的了解与思考，帮助大家更深层次地理解辅导，为成为优秀的辅导者打好基础。

优秀辅导者的三个核心理念分别是关注绩效、对人员的尊重和关怀以及对辅导过程的信念，如图5-1所示。辅导者之所以要秉持这样的价值观，是因为从短期来看是为了提升绩效，从长期来看是辅导者通过对人的关注来实现人的发展。人的发展和绩效的提升都需要借助流程来实现。

图5-1　辅导者的三个核心理念

### 1. 关注绩效

绩效辅导关注的是绩效相关情形，相信高绩效来自下属主动地投入工作。当下属的成绩被及时认可时，他们对工作更投入，从而产生更高的绩效。

辅导者要始终明确员工高绩效的动力来源，激发下属主动努力工作的内在驱动力。高绩效来自自愿主动；批评的指令最多让下属的绩效达到合格，却很难达到优秀。通过辅导使下属达到高绩效，与辅导者的反馈技巧是密不可分的，尤其是正向反馈。后面会专门介绍反馈技巧。

### 2. 对人员的尊重与关怀

辅导者要对下属有正面的看法，并发自内心地关心他们，因为辅导关系必须建立在相互信任的基础上。管理者要相信：人是企业中最重要的无形资产；下属都渴望成功，并愿意接受挑战；下属有能力帮助自己成长、发展及进步；只有关注人的发展，才能创造持续的高绩效。

结合学习过的XY理论，辅导运用的理论基础是Y理论。

为了加深对尊重与关怀的理解，请辅导者运用下面两种思维方式：第一种，我认为这个人是一个麻烦；第二种，我认为这个人遇到了一个麻烦，他处在学习成长过程中，有能力、足智多谋且有潜能。

两种思维方式有哪些不同？你倾向于哪种思维？要想成为一名出色的辅导者，第二种思维方式，即教练心态，有利于我们从积极的角度思考，能够帮助我们更加关注人，下属也会感受到对他的关注，由此进入一个良性循环的过程。再次强调，成为管理者之后要加强对人的关注。

### 3. 对辅导过程的信念

辅导者要对辅导过程所带来的价值有不可动摇的信念。因为辅导要耗费很多的时间及耐性。在面对压力的时候，大家很容易转换为裁判心态，只看结果，长此以往，下属的能力提升会受到限制，管理者的辅导能力也无法提升。那时候再意识到这一点就为时已晚了。

另外有几点需要在辅导的过程中注意：辅导的过程必须专注于提高员工的绩效方面；辅导的内容与过程，必须与公司的愿景、战略目标和价值观相符合；辅导可以发生在任何时间与地点；辅导的方式必须合乎被辅导者的需求。

辅导的过程是需要付出心力的，其目的最终是为了帮助下属实现他的目标。

可以看到，辅导是管理者的核心能力之一。管理者的重要责任之一是辅导他人改进，建立和巩固发展人才的基础。

## 四、辅导能否解决所有问题

在了解了辅导的定义、心态以及三个核心理念之后，我们要讨论一个问题：既然辅导这么重要，它能解决下属的所有问题吗？答案是肯定不能。有一些问题可以通过辅导解决，而有一些问题是无法通过辅导解决的。接下来，我会帮助大家建立标准，通过这个标准来判断下属的哪些问题是可以通过辅导来解决的。

我们通过一个模型来建立标准。这个模型叫BEM行为工程模型，是由被誉为绩效管理之父的托马斯·吉尔伯特（Thomas Gilbert）提出的。托马斯·吉尔伯特调查了一千多家企业，把影响绩效的因素分为两大类：环境障碍和个人障碍，如表5-2所示。

表5-2　BEM行为工程模型

| | 信息 | 资源 | 激励 |
|---|---|---|---|
| 环境障碍 | ✓工作要求传递不清晰<br>✓绩效期望沟通不清楚<br>✓没有及时给予反馈 | ✓缺乏完成工作所需的资金、原料、工具、时间以及工作流程 | ✓对绩效缺乏客观衡量和奖励<br>✓缺乏灵活多样的物质与非物质奖励措施 |
| | 能力 | 意愿 | 发展潜力 |
| 个人障碍 | ✓缺乏工作所需的知识和技能 | ✓缺乏追求高绩效的动机<br>✓个人价值观与工作环境不匹配<br>✓人际关系紧张<br>✓非理性信念 | ✓天赋有限<br>✓个人目标 |

环境障碍包括信息、资源和激励。个人障碍包括能力、意愿和发展潜力。我们以一位绩效出现问题的员工为例，分别给大家解释一下如何理解这个模型以及如何看待辅导所发挥的作用。

在诊断低绩效员工的时候，先看环境障碍的第一类——信息。信息障碍由以下三方面构成：

（1）工作要求传递不清晰。这名员工是否清楚自己的工作内容？具体的要求是否明确？尤其不可以有模糊地带。在一次授课过程中，有一位学员问我，他有两位不错的下属，平常表现都很积极，但是有一次没有按时完成他们一起负责的一个项目，他很困惑，对这两位下属产生了一丝怀疑。我借助这个模型问他："你的两位下属都清晰地了解自己在这个项目中具体要干什么吗？会不会有模糊地带？"他反思了一下说："还真有。"这时他明白了不是两位下属的问题，而是管理者没有清晰准确地描述工作内容。在日常工作中，我观察到有一些管理者不知道是有意还是无意，在布置任务的时候总是不够清晰，下属搞不清楚而多问两句，他还会特别烦躁，以至于下属再不敢多问，就稀里糊涂地猜测着去展开工作。在这种情况下，取得高绩效是不可能的。

（2）绩效期望沟通不清楚。在员工清楚地了解工作内容之后，接下来要看管理者是否把绩效期望明确地表达清楚了。绩效管理中的KPI设定起到了这个作用，可以让下属清楚地了解任务做到什么程度才算达标。

（3）管理者是否对下属给予了及时的反馈。在工作要求与绩效期望两项都清楚之后，管理者一定要及时地对下属进行反馈，无论是正向反馈还是反向反馈。

第二类环境障碍——资源。大家可以设想在诊断低绩效员工的时候，信息的三个方面清楚地确定没有问题，我们来看下属是否拥有了必需的资源，包括资金、原料、工具、时间以及明确的工作流程。尤其是工作流程，大量的低绩效是因为工作流程不合理。快递与外卖为何做到如此高效？合理的工作流程功不可没。关于工作流程，有这样一个现象，优秀的员工在和拙劣的流程作斗争的时候，最后取胜的往往是流程。

第三类环境障碍——激励。信息与资源都确认没有问题之后，再来看激励的奖励制度。首先要对员工的绩效做出客观的衡量，公平、公正地制定出奖励制度并且按这个制度执行。其次要看是否有足够灵活的物质和非物质的奖励措施，类似于前面介绍的赫兹伯格双因素理论。

接下来介绍个人障碍。

第一类个人障碍——能力。员工是否具有完成工作所需要的知识和技能，比如他从事的是销售工作，是否掌握所销售产品的知识？是否了解有效拜访的六大步骤并且可以熟练运用？这都属于能力范畴。

第二类个人障碍——意愿。员工是否具有追求高绩效的动机？个人价值观与工作环境是否匹配？人际关系是否紧张以及是否具有一些非理性的信念？这些都会影响员工的工作意愿。

第三类个人障碍——发展潜力。包括天赋和个人目标。天赋有没有受限？比如说员工从事的是销售工作，但他的人际敏感度很差，还特别不愿意与人交流，那么他将要接受一些挑战。还有个人目标，如何设立个人目标会影响发展潜力。

了解了影响员工绩效的环境障碍和个人障碍之后，我问大家一个问题：在吉尔伯特的这个模型中，你认为影响一个员工绩效的因素是环境障碍占比多，还是个人障碍占比多？我要告诉大家，这个模型得出的结论是环境障碍占比高达75%，而个人障碍只占到了25%，具体分解如下：环境障碍中，信息占35%，资源占26%，激励占14%；个人障碍中，能力占11%，发展潜力占8%，意愿占6%。

有些出乎意料吧！这个模型带给我们的启发在于如何从更高的视角来看绩效管理和辅导。大家都说对于低绩效员工要进行辅导，但是辅导能解决所有的问题吗？从这个模型中可以看到这是不可能的。环境障碍无法通过辅导来解决，而环境障碍问题需要管理者更多地通过与上级沟通、跨部门沟通来联合解决，包括对自己的反思，使信息、资源和激励不再成为下属达成绩效的阻碍。

个人障碍中，能力可以通过辅导解决。意愿有一部分可以通过辅导解决，但意愿的其他部分，如价值观，辅导只能起到一定的作用，想通过辅导改变人的价值观是有挑战的。部分发展潜力也可以通过辅导改变，比如个人目标。天赋几乎没有办法通过辅导改变。

这个BEM模型让我们知道了低绩效要从系统性的角度去考虑问题。低绩效因素分为环境障碍和个人障碍，环境障碍需要管理者更多地通过自身反思、与上级以及跨部门沟通来改变相关因素，帮助员工达成绩效。个人障碍中的一部分可以通过辅导来解决。在运用辅导之前，首先要判断绩效差距是由哪一类因素引起的，能否运用辅导的方式来改变。这个模型也帮助我们认识到管理是一项系统性的工程，需要结合管理中的多因素和多手段，辅导只是管理手段中的一种方式，尽管它非常重要，但只能解决一部分问题。再次提醒大家，要想提升思维高度，就要从系统性的角度看问题。

第二单元
辅导的流程和技巧

## 一、两种辅导类型

这一部分介绍两种常用的辅导类型。针对同一位下属，我们会用两种类型的辅导进行比较。辅导的类型在各个辅导场景中是相通的，我以销售场景为例，大家可以根据实际情况来学习其中的规律，再结合具体工作做到触类旁通。

第一种策略型辅导。其目的是改进知识的掌握和运用水平，被辅导人要掌握所有与达成绩效相关的各种知识，比如产品知识、客户信息（包括对客户的各种信息收集、客户分级、客户覆盖率、客户对于产品方案的看法等）、竞品知识（包括竞品人员、竞品特点、举办活动、覆盖客户等）。这些辅导内容都是与制定策略相关的，通过找到策略性的各种问题再去寻找解决方案。类似于以下这几类：计划和实施针对区域/客户的一次拜访或系列拜访的策略；提高目标客户覆盖率；增加市场份额和销售量等。

策略型辅导可以在任何时间进行。

第二种技巧型辅导。其目的是通过提高技巧的掌握和熟练程度来改变行为，为达成绩效做出积极的行为改变。主要是各种技巧的运用，比如拜访的有效开场、探询客户需求、FABE销售法则运用、结合产品特点寻找适用人群等。通过观察和分析下属的各种技巧运用情况，给予建设性反馈。

技巧型辅导通常在使用技巧的现场进行。比如销售拜访现场、某项技术的运用现场等。

举例帮大家理解策略型辅导和技巧型辅导的区别以及具体应用场景。有一些价值较高的生物制剂或者器械，单价较高，而负责销售的人员没有那么多，一线经理经常要跨区域进行管理，也就是经理和下属不在一个城市，所以不可能每天都碰面。日常管理工作经常通过电话、微信等方式进行沟通，在电话沟通过程中大多数进行的是策略型辅导，内容大多数是客户覆盖率、治疗观念等。一旦经理到当地出差，就会从一大早开始协访，经理在这一天的协访过程中就可以对下属进行技巧型辅导，因为经理和下属一起拜访客户，会随时观察下属的各种拜访技巧，随时可以进行技巧型辅导，提升下属的沟通技巧。这就可以帮助我们理解两种辅导的区别。所以，经理可以根据不同目的，运用不同的辅导方式。重要的是，在辅导之前要考虑清楚运用哪种辅导方式。

## 二、两种辅导方式

如果大家有一些辅导经验的话，是否有这样的体会，针对不同的下属，辅导方式是不同的。下面具体分析一下。

第一种指导式。指导式的辅导会为被辅导者设定目标，告诉下属你的期望是什么，同时明确地告诉和指示他需要做什么、何时做以及如何做。之后要密切监督、监控和评估被辅导者的绩效，随时给予反馈。这种方式就是直接告诉被辅导者应该怎么做，不需要太多地听取他的想法，只需要按照你的指令去行动就好。这种辅导方式主要适用于新同事，因为新同事对于行业、客户、产品、竞品等相关的知识与经验不足，但是他的工作意愿一般比较高，具有充分的工作热情，只是缺乏具体的经验与方法。

第二种引导式。这种方式会进行更多的双向沟通，让被辅导者有更多的机会说出想法，同时辅导者鼓励被辅导者参与决策，引导他解决问题，想出解决方案。这种引导式的辅导方式比较适用于已经具备相应的知识与经验的下属。对于这一类下属，我们要更加关注他们的感受，更多地给予他们被信任的感觉，让他们感受到更多的参与感以及获得更多提升能力的机会，进而被激励。我们主要通过提问的方式引导他们思考，从而制定出相应的解决方案。如何问出好的问题是辅导者必须具备的一项能力，在后面的内容中会介绍如何问出好问题的方法。

以上内容是两种辅导方式以及适用对象的区别。强调一点，对于新下属不是只能用指导式，对于老下属也不是只能用引导式，需要灵活应用两种辅导方式。这要求管理者对下属要有充分的了解，针对不同下属，结合当时的场景，使用合适的辅导方式，对新下属可以采用提问的方式进行引导，对老下属也可以直接指导，目的都是为了达到最好的辅导结果。

### 三、围绕什么进行辅导

在日常的辅导工作中，大家可能会有这样的疑惑，我们要围绕什么来进行辅导呢？是凭感觉？还是需要一个标准？辅导是帮助他人实现其目标的互动过程。他的目标如何设定？看起来需要一个行为标准，这个标准像一把卡尺，帮助辅导者和被辅导者都有据可依。这就是这部分介绍的内容——围绕什么进行辅导。

各个岗位需要的相关能力会有不同的标准，这就构成了能力模型的概念。在不同公司、不同领域以及产品所处的不同生命周期中，岗位能力模型会有一些区别。同时，在同一个团队中，不同的职位对于岗位能力模型也会有不一样的要求。

通常来讲，大部分公司会从以下这些方面来进行岗位能力模型的设定。以制药公司的销售团队为例，它需要四项相关工作能力（偏向于硬技能）：销售达成及业务发展，销售技巧，产品知识，行业、疾病及治疗领域知识；三项职业相关能力（偏向于软技能）：客户管理、团队合作、销售团队效率及能力发展。

从不同的岗位级别来看，销售代表、高级销售代表、销售专员、一线经理、二线经理以及三线经理七项岗位能力模型会有不同的要求，可以按照以下方式由低到高进行分级：拓展、展现、熟练、优秀、领导力。针对这五个能力等级制定出相应的行为标准，符合相应的标准可以迅速找出处在哪个等级。每一项能力等级会有数十条对应行为标准，这些标准可以帮助辅导者在实际辅导工作中有据可依。

表5-3是针对七项能力中的产品知识这一项，在不同的等级所列举的关键行为，供大家参考。

表5-3 不同岗位的能力等级与关键行为

| 能力等级 | 关键行为 |
|---|---|
| 拓展 | 掌握公司现有产品和新产品的基本知识 |
| | 与公司专业部门（如市场部、医学部、培训部）进行交流，促进业务知识的学习 |
| | 了解客户当前使用的产品，寻求支持以发展和提升业务技能，从而进一步获取客户信息 |
| 展现 | 了解推广领域内的所有产品，并深入了解自己负责产品的信息 |
| | 通过挖掘客户需求以促进产品的合理运用，进而有效地实现需求与产品的结合 |
| | 分析与产品相关的客户需求及潜力，运用分析结果制订销售规划 |
| | 通过对比和分析，合理定位公司产品，以实现产品和服务价值的最大化 |
| | 了解公司产品和竞品的异同，差异化地向客户提供产品和服务 |
| 熟练 | 阐释并支持公司的产品战略 |
| | 了解新产品与现有及计划产品间的关联性，并依照同样的原理设定销售和客户管理活动 |
| | 基于事实，向客户说明公司产品的价值和服务 |
| | 向客户深入地介绍最能满足他们当前和未来需求的产品 |
| | 充分了解和熟悉公司产品和竞品的定位、关键信息表达，并向客户有效传递 |
| 优秀 | 向下属提供产品知识（公司产品和竞品）的指导和培训 |
| | 展示出对公司各种产品和服务的专业知识储备 |
| | 指导、建议和引导他人（团队成员）学习公司产品及竞品的相关知识 |
| | 通过有效宣传产品信息，推动销售和市场活动的落实与执行，保证客户合理使用公司产品 |
| | 了解客户尚未满足的需求，紧跟行业趋势，使得业务规划更趋完善并具前瞻性 |
| 领导力 | 合理选择公司当前与未来的业务投资组合，以推动达成或超越业务目标 |
| | 制定地区销售和市场活动计划，以实施公司产品的战略要求 |

关于标准的设定，上表展示的是参考标准，当然这不是唯一的标准，管理者可以根据自己产品领域的特点、产品所处的生命周期制定出符合实际情况的标准用于辅导，其原则是指导相应的行为。

## 四、辅导时间的分配

管理者的时间是紧张的，用于辅导的时间也是有限的。如何将有限的时间资源分配给不同的下属，从而取得最大化的辅导效果？这一部分介绍辅导时间分配的问题，帮助大家掌握时间分配的方法，以使大家在有限的辅导时间内获得最大化的回报。

王经理在下个月有14天安排辅导下属工作，涉及甲、乙、丙、丁、戊、已六位销售代表，试问：王经理如何有效地安排辅导时间？合理的辅导目的（理由）是什么？

正在阅读的各位，请回答依据什么来分配辅导时间？会不会像下面所说的一样呢？

看下属是否顺眼？看着顺眼的下属就多辅导几次，不喜欢的就先不管他。

随机？今天起来觉得好久没有和某位下属跑市场了，那就给他打电话和他一起去跑市场吧，顺便给他辅导一下。

下属的请求？有些下属比较会争取资源，他会主动邀请领导多和他一起拜访客户。

客户的重要性？根据客户是否重要来决定对相应下属多进行辅导。

还是其他原因？

以上这些分配时间的方式都不算好，如何分配辅导时间才能取得最大的成效呢？我要给大家介绍一个工具——辅导矩阵图，见图5-2。它可以帮助我们把珍贵的辅导时间以合理的方式分配到不同下属身上，让时间投资回报率最大化。

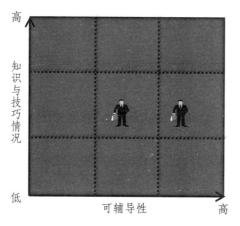

图5-2 辅导时间矩阵图

我们按照下属的知识与技巧情况以及可辅导性的高低，把下属放到九宫格里，再根据这两个维度的高、中、低分为A、B、C三个级别，见图5-3。

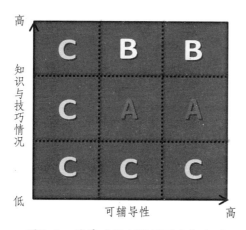

图5-3 辅导时间矩阵图的分级标准

可辅导性处于中或者高，知识与技巧处于中的代表，属于A级别；知识与技巧处于高、可辅导性处于中或高的代表，属于B级别；其他的属于C级别。

回到王经理的困惑，我们把A、B、C按照4：2：1进行时间分配，总时间是14天，得出的结论是给其中两位下属每人各分配四天的辅导时间，另外两位每人各分配两天的辅导时间，还有两位每人各分配一天的辅导时间（图5-4）。注意，刚加入团队的员工自动归入A级别。

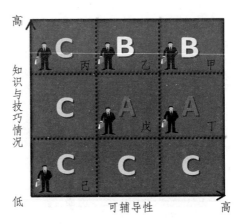

图5-4　将团队成员放入辅导时间矩阵图

　　这样分配时间的原因是：A级别人员是相对容易取得业绩提升的人员，所以分配的时间较多；B级别人员的知识与技巧处于相对比较高的位置，所以分配的时间相应减少；而C级别人员从目前来看要取得相应的提升有一定难度，所以分配的时间最少。总的来说，我们遵循资源集中的原则，因为时间是最宝贵的资源。

　　大家也许会问：根据什么来确定下属的知识与技巧以及可辅导性的标准呢？现在给大家介绍另一个工具，叫作辅导时间的ROI（投资回报率）分配工具，见表5-4。

### 表5-4　辅导时间ROI分配工具表

| 销售辅导部属分配表 | | | |
|---|---|---|---|
| 下属姓名： | | 城市/产品： | |

简要说明：根据代表实际情况，给出每一项内容的评估分数。

分数表示该代表在实际工作中该评估内容的出现频率：0——从不；1——很少；2——有时；3——半数；4——经常；5——总是

辅导ROI分类图（纵轴：知识与技巧评分 0、22、44、66；横轴：可辅导性评分 0、24、48、72）

| | 知识与技巧评分 | | | 可辅导性评分 | |
|---|---|---|---|---|---|
| | 评估项 | 评估分数 | | 评估项 | 评估分数 |
| 1 | 每次销售拜访均有SMART目标 | 2 | 1 | 善于倾听他人意见 | 2 |
| 2 | 能在适当时机过渡到业务交谈或销售演示 | 2 | 2 | 积极工作，总是争创最佳 | 3 |
| 3 | 能提出相关问题，了解客户需求 | 3 | 3 | 对新意见持开放态度 | 2 |
| 4 | 选择具体利益，针对客户需求进行演示 | 3 | 4 | 能较好地按指示行事 | 5 |
| 5 | 使用销售辅助资料、临床数据强化利益 | 2 | 5 | 与同事商讨业务问题 | 3 |
| 6 | 适当地回应客户的提问、讨论或反对意见 | 2 | 6 | 非常灵活 | 4 |
| 7 | 与客户确认以保证理解 | 5 | 7 | 向辅导者（我）询问如何处理某一局面 | 4 |
| 8 | 在适当时机要求客户做出承诺 | 3 | 8 | 对自己充满信心 | 3 |
| 9 | 每次拜访能涉及整个系列产品 | 2 | 9 | 尊重辅导者（我）的意见 | 3 |
| 10 | 提供增值服务（例如，患者健康教育宣传资料等） | 4 | 10 | 是一个好的聆听者 | 2 |
| 11 | 积极跟进，提供相要求的服务（如样品、CME等） | 5 | 11 | 从错误中吸取教训 | 3 |
| 12 | 维护准确的客户记录并进行定期更新 | 0 | 12 | 通常能完成或超额完成销售指标 | 4 |
| 13 | 针对每一个客户制定销售策略 | 3 | 13 | 在小组会议上具备合作与参与的态度 | 3 |
| | | | 14 | 非常适应新的形势与变化 | 4 |
| 总分 | | 36 | 总分 | | 43 |

这个工具里有一系列的问题，通过某位下属在这些问题上的评分，可以把这名下属落到相应的九宫格位置，看看他处于哪一级别，从而判断有多少时间可以用于对他的辅导。这对管理者也提出了要求，要想准确评分，就要对下属非常了解，再次回到对于人的关注。像表格里的这位下属，依据评分落到了A级别，分配给他的辅导时间应该是最多的。

请大家做一个练习，运用上述两个工具把你的下属落到九宫格里，并据以分配辅导时间。

## 五、实地辅导流程介绍

在前面的内容中介绍了辅导的三个核心理念——关注绩效，对人员的尊重和关怀，还有对辅导过程的信念；两种辅导方式，分别是指导式与引导式；两种辅导类型，分别是策略型与技巧型。运用辅导时间的ROI分配表分配好了辅导时间，接下来开始辅导下属了。

实地辅导流程分为四步，分别是辅导准备、协同拜访、辅导谈话以及行动跟进（图5-5）。

图5-5 实地辅导流程图

第一步，管理者要完成辅导的准备工作。要想进行有质量的辅导，相应的准备工作是至关重要的。结合辅导时间的分配，在每个月或者每周要辅导哪些下属一定要提前做计划，而不是早上起来想一想，最近没有和谁跑过市场，就决定协助他跑市场，顺便辅导。这样的辅导起到的作用很难达到想要的效果，还会浪费双方的宝贵时间。因此，至少要提前一天完成准备工作，包括对下属的分析与诊断以及辅导目标的制定。

第二步，管理者要去实地协访，要和下属一起跑市场见客户。实地协访有三种类型——示范型、解决问题型以及观察型。我们应灵活地运用这三种类型，并且可以自然切换，使大家在实地协访过程中取得好的效果。

第三步，在实地辅导结束后，管理者要和下属进行辅导谈话。在这一步会介绍辅导中重要的谈话模型——GROW模型，分为共识目标、明确现状、发展方案及明确行动四步。还会介绍在谈话过程中经常用到的技巧——正向反馈与纠错反馈。另外，如何问出高质量的问题，在谈话中非常重要。只有问题才能启发思考，让下属产生自我觉察力和责任感。

第四步，行动跟进。辅导是一个持续的过程，管理者要不断地观察、反馈，关键时刻还要给予支持，这样才能让辅导形成一个循环，让下属的能力在这个循环中因为辅导而不断提升，最终管理者的辅导能力和员工的业务能力都得到提升，团队的业绩自然会得到提高。

### 1. 辅导流程之辅导准备

辅导准备由两部分构成，第一部分是分析与诊断，第二部分是设立辅导目标。

当管理者确定了辅导对象，在协同他去拜访客户之前，要对辅导对象进行分析与诊断，首先回顾下属的业绩，结合去年以及今年已经完成的销售和库存情况，做具体分析。接下来回顾这位下属的业务计划制定情况，针对重点市场、重点客户分别制定了什么策略，具体的资源投入、活动计划和执行情况如何。还要回顾与这位下属在既往辅导过程中遇到的问题，当时是怎么讨论的，制订了什么行动计划？建议各位养成一个良好的习惯，每次在和下属协访辅导之后有一个明确的文字记录，供随时参考。"好记性不如烂笔头"是有道理的，记录每次辅导的内容，以后一定会从中获益。从这些记录中，辅导者可以清晰地诊断出下属存在的问题以及影响其绩效的障碍：是客户覆盖的问题还是对客户诊疗观念了解不够的问题，或是对竞品信息了解缺失的问题等。

完成了分析与诊断后，设立符合SMART原则的辅导目标。目标设定越符合SMART原则，越能够明确地指导行动。提醒各位，再一次辅导最好确定一个目标，并且一定要符合SMART原则，这绝不是一个长期目标。比如，策略型辅导可以设一个这样的目标：通过这次辅导让下属认识到，我们不够了解客户对于某类疾病的诊疗观念，需通过增加探询来加深了解。技巧型的辅导目标可以这么设定：通过这次辅导让下属掌握运用优势患者缔结的能力。

这些目标的设定有一个重要的前提，就是分析与诊断要做得很到位才能设定出高水平的SMART辅导目标。分析与诊断做得准确，要求管理者必须关注个体，而不是只盯着结果，否则本末倒置。只有人的能力提升了才会有好的结果，这也是辅导的重要价值所在。

现在请大家想象对某位下属进行辅导，应该设定什么辅导目标？

下属名字＿＿＿＿＿＿＿＿＿＿

辅导目标设定＿＿＿＿＿＿＿＿＿＿＿＿＿＿＿＿＿＿＿＿＿＿＿＿＿＿＿＿＿＿＿＿＿＿＿

＿＿＿＿＿＿＿＿＿＿＿＿＿＿＿＿＿＿＿＿＿＿＿＿＿＿＿＿＿＿＿＿＿＿＿＿＿＿＿＿＿＿

### 2. 辅导流程之三种实地辅导

在做好辅导准备后，也设立了辅导目标，接下来进行辅导的第二步，和下属一起进行实地协访。协访有三种形式，分别是示范型、解决问题型和观察型。

1）示范型

示范型的辅导目标是通过示范，让下属通过观察来学习和掌握拜访技巧，并且明确在日后辅导过程中，会考察其掌握情况。

具体操作流程是经理负责拜访，下属在旁观察，拜访结束后与下属讨论心得。

适用于：①没有经验的下属；②下属新接某个区域；③自我评估与实际业绩之间有差距。

2）解决问题型

解决问题型的辅导目标是处理各种原因导致的紧急事件，保证区域业务的正常运营，消除来自客户的负面影响，提升客户对公司的认可度，并加强客户与公司的长期合作关系，探索合作的新方式或新平台。

辅导者的主要任务是发现并解决问题，参与部分拜访。解决问题型是我们经常会遇到的情况。

适用于：①区域重要事件；②不易解决的客户异议；③前任下属遗留问题；④重要客户的紧急问题；⑤下属无法独立解决的问题。

3）观察型

观察型的辅导目标是通过实地观察，了解下属的成功因素和主要问题，不断协助其改善绩效；了解销售环境与市场真实状况，探讨下一步的销售策略与行动计划；寻找区域中新的增长机会。

在这种类型的协访中，辅导者的角色主要是观察者。因此辅导者要预先计划参与的程度，不要积极参与拜访，而是全神贯注地观察与聆听。在刚开始拜访时要向客户解释你到访的原因："李主任，今天没有什么特别的事情，就是一起过来看看您。"接下来把话题的主导权自然地交给下属。当然，你和下属在见客户之前一定要沟通确认。在拜访过程中，客户看向你并寻求回应时，你可以用身体语言或简单的动作来表示参与，还要自然地把话题转回给下属。注意，一定是以观察为主，观察下属在确定需要提高方面的具体行为表现，认真细致地记在心里，不主动参与，除非下属进行不下去或者有重大错误出现时。

适用于：①客观地观察下属；②下属的业绩和销售技能未达到预期目标；③进一步了解高绩效下属的发展意愿。

上述三种协访类型，在拜访客户的过程中绝对不是一成不变的，一定要根据当时的具体场景变化而灵活应对，过程要自然，千万不要让客户感觉我们的行为怪异。

下面介绍如何在三种协访类型中自然转换（图5-6）。

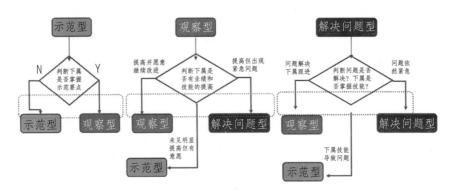

图5-6　不同辅导类型在连续辅导过程中的转换

由上图可以看到，管理者在做示范性辅导的时候，根据下属是否掌握示范要点来判断是继续示范，还是转为观察型辅导。在做观察型辅导的时候，管理者应以业绩和技能的提高为判断标准。当下属的技能在提高并且愿意继续改进的时候，可以继续保持观察下属的具体行为；当观察到下属的技能没有明显提高但有很好的改进意愿的时候，就及时转为示范型。当观察到下属技能在提高，但突然出现了紧急的状况，比如有一些明显的数据或概念错误、客户突然提出一些问题而下属无法解决的时候，就要立刻转为解决问题型辅导。在进行解决问题型辅导的时候，随时观察问题是否已经得到解决以及下属是否掌握了该项技能，如果问题解决了，可由下属继续跟进，转为观察型，观察下属接下来的行为；如果观察到下属的技能依然存在问题，就转为示范型；如果问题依然紧急，就继续采用解决问题型辅导。

三种辅导类型在实际运用过程中的灵活切换，最重要的原则是协访之前一定要达成共识，确定好本次拜访是以哪种辅导类型为主，否则会出现这种场景：客户说完一句话后，两个人都沉默，或者是两个人抢着说，这样非常尴尬。

辅导者与下属在协访之前需要有一个简短的谈话，主要有以下几个目的：

第一，建立融洽关系，使下属心情放松。有些下属，尤其是新下属，在领导要和自己一起拜访客户的时候会有一些紧张，担心表现不好而影响自己在领导心中的形象。管理者要先和下属聊一聊，创造一个轻松愉快的氛围再一起开始拜访。

第二，询问下属拜访计划。目的是了解下属要拜访哪些客户，计划性如何，是否有完备的拜访思路以及策略。

第三，提出协访目的，就目标达成共识。举例来说，拜访目的是了解客户对于我们产品的认知程度及其看法，是否有了一些改变；或者是针对优势患者的缔结能力有没有提升等。一定要有目标的共识，因为这会影响具体拜访中下属在某些能力方面的表现以及你的观察。

第四，就如何被介绍给客户及管理者扮演的角色达成共识。在拜访每一位客户前都要有这一步，千万不能像前面提到过的例子那样因为没有提前沟通好，导致场面尴尬。

第五，阐述实地协访的益处。给下属分析这次协访能够给他带来哪些帮助，借此来增加下属和管理者协访的意愿。

在协访的过程中，管理者要注意观察与记录，收集STAR信息，也就是具体的行为事例。（图5-7）

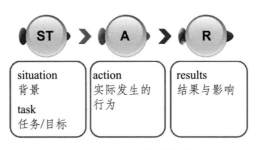

图5-7　STAR信息收集

S是situation，当时的背景；T是task，任务/目标是什么；A是action，实际发生的行为；R是results，相应的结果与影响是什么。在协访结束后的辅导谈话中，我们应根据具体的STAR进行反馈，因此在过程中收集STAR信息特别重要。举例一个完整的STAR：刚才我们达成共识，描述一个患者的具体现状时引起了客户的兴趣，帮助获得一个有效的开场白，这是S和T；实际发生的行为（A）是拜访医生时，描述了一个肾移植患者在治疗前的用药情况，并请教医生对此问题的看法；最后的R，即结果是医生对此非常感兴趣，愿意就这个患者展开交谈，你很好地把握了时机，进行了有效交流。在协访过程中，我们一定要多收集这样完整的行为事例。因为我们收集的STAR信息越多越完整，越有利于辅导和反馈。

我们也要注意辅导类型的现场转换，具体的转换原则在上一部分内容中已经介绍过。

在协访的过程中，尤其是在观察型协访中，我们要尽量避免干预下属的拜访会谈，集中精力观察、倾听，观察的主要对象是下属，而非客户。避免无计划介入，除非有严重错误出现。

### 3. 辅导流程之GROW谈话模型

在完成实地协访之后，我们要和下属进行辅导谈话。这一步在整个辅导过程中是最重要的，也是难度最大的，请大家仔细阅读和理解。下面给大家介绍GROW模型，它来自《高绩效教练》这本书，我会结合实际场景讲解。

GROW模型由四步组成（图5-8），分别是：共识目标（goal）、明确现状（reality）、发展方案（option）、承诺行动（will）。首先强调一个原则，前面讲过教练心态和裁判心态，以及这两种心态的差别。辅导者一定要具备教练心态才可以更好地运用GROW模型。如果是裁判心态，则不可能有效地运用这个模型。既然是教练心态，就要求我们做到这一点，即使心里已有答案，看到下属在某一方面明显有问题，虽有现成的方法也要克制住自己，不能直接告诉他，而坚持通过高质量的问题来帮助下属自己找到差距，然后制定出解决方案并执行。

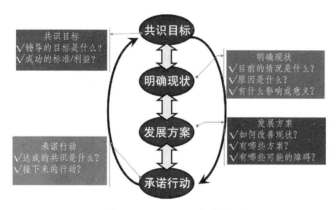

图5-8　GROW辅导模型

下面结合一个案例来介绍如何运用这四步来进行GROW辅导谈话。

第一步是共识目标。在整个沟通过程中要建立一个开放、信任以及安全的氛围，明确本次辅导的目标、成功的标准及利益，并且与下属达成共识。举一个医药销售场景的例子，在协访过程中，观察到下属小张在开场以及探询过程中都做得不错，但在最后缔结的时候不太敢开口，总是差最后那一点，因此对于客户的处方行为改变欠缺一些影响。设定的辅导目标是：通过这一次辅导谈话，期望小张认识到自己在缔结方面的欠缺，让他学会通过介绍具体患者缔结方式的优势来改变客户处方行为。我们可以这么说："小张，我们今天一起跑了医院，拜访了六七位客户，现在一起聊一聊今天拜访客户的情况，尤其是在缔结过程中如何能够更加有效地改变客户的处方行为，因为这一项能力的提升对于你的业绩达成和个人发展非常重要，你看好吗？"

这样的目标共识对于辅导者的要求是对下属非常了解，知道下属在哪些方面有提升的空间，也了解他的发展方向，再结合前面提到的相应岗位能力项的行为标准，明确下属的具体能力行为在哪个等级，设定出高质量的辅导目标。辅导目标的高低直接决定辅导谈话的效果。同时，要建立融洽信任的氛围。关于行为标准，会有两种情况出现：如果员工对标准比较清楚，就可以从现状开始谈；如果员工对标准不清楚，可以先从标准开始谈，然后确认员工是否理解并接受，最后阐述现状。

接下来进入第二步，明确现状。这一步会通过辅导者的有效提问、被辅导者的回答以及辅导者的有效反馈，让下属自己认识到现状和差距。在这个过程中，注意运用协访过程中观察到的STAR信息，同时灵活运用正向反馈与纠错反馈。还是结合刚才的案例，这一步可以这样进行："在今天的协访过程中，你觉得最后和客户缔结的情况怎么样？"

这里一定要用开放式问题，让下属能够多谈。接下来根据说的内容，时刻给予反馈以及问题跟进，比如下属这样回答："好像是有一些问题，缔结的时候总是不知道怎么开口。"

你可以继续问："是什么原因导致你在缔结的时候不太好开口呢？"

注意，一定要提问，因为只有这样才能让下属真正展开思考。还有一点要提醒大家，在提出问题之后要能够忍住5~10秒的沉默，只要观察到下属确实在认真思考，就要给他思考的时间，不要打断他。接下来下属可能会说："我总觉得直接说好像是在要求客户，有点儿求他帮忙的感觉，所以不太好开口。"

我们可以接着问："看来你是觉得这样直接提要求是觉得在让客户帮你，所以不好意思。你觉得如何才能让自己没有这样的感觉呢？"

下属可能会说："如果我们的产品能够真正给客户带来帮助，我觉得是我在给他提供价值，应该会好很多。"

这时候可以用一个封闭式的问题来帮助下属更清晰地明确现状："看来我们的理想状态是给客户提供价值，你现在感觉我们提供的价值不够，导致在缔结的时候不太好开口，是这样吗？"

下属回答："是的，要是真正能给客户带来帮助，我会感觉好很多，也会更加有信心。"

这样，我们完成了第二步，通过一系列的提问和反馈来帮助被辅导者明确了原因。在提问的时候总结了以下几个要点：

（1）以开放式问题为主；

（2）与目标相关；

（3）具体的；

（4）行为依据——在拜访中确实发生的具体行为；

（5）行为产生的意义或影响；

（6）探询原因，挖掘影响成功的障碍；

（7）避免审问；

（8）积极倾听。

在明确现状之后，就可以进行第三步了，帮助下属找出解决方案。这一步同样是以提问为主，就像前面谈到的，辅导者即使心里已经有答案了也要忍住，用教练心态，继续发问。如果你认为你的方案是最好的，就是裁判心态了。让被辅导者自己展开思考想出的方案，可能效果更佳，更何况我们在有些领域不一定比被辅导者了解得更多，因此要提醒自己通过问出高质量的问题来帮助被辅导者展开思考。

再回到刚才的案例，可以接着问下属："你认为怎么做才能让客户感觉我们能提供价值呢？"

下属可能会回答："给他一些实际的利益或者帮助吧！"这是我们经常听到的一些回答。

这时候一定要鼓励下属继续思考，只有这样才可能获得更有价值的方案，所以经常用的发问方式是："还有吗？除了这些还能想到什么呢？"

下属可能会回答："如果我们的产品能够帮他解决目前遇到的实际问题，就是给他带来价值，我也会感觉我是在帮助客户，而不是客户帮助我。"

这时候接着问："如果想达到你心中预期的效果，你会如何做呢？"

下属会回答："我会把相应的优势患者标准介绍清楚，明确地告诉客户，针对这一类患者，如果使用某某产品，患者会有什么样的获益，给患者和医生带来哪些具体帮助等。"

我们可以接着问："很好。针对我们产品的优势患者的标准情况，你掌握的怎么样？"

这又可以进入另一个GROW模型的循环，可以让下属认识到他在产品知识或者竞品知识方面也有差距。这取决于对下属的了解以及辅导目标的设定。

谈到这个的时候可以进入第四步了，承诺行动。这一步的目的在于总结刚才达成的共识，让被辅导者自己承诺具体的行动。

我们可以问："下次拜访在缔结的时候，你准备怎么做？"

如果达成的共识是被辅导者对产品知识的了解有欠缺的话，我们可以这样问："你准备如何做来弥补这一部分的差距？"

等下属说出下一步的具体行动计划之后，我们再承诺支持，同时加上激励对方、强化意愿，就可以结束这次GROW辅导谈话了。

以上就是辅导的GROW谈话模型。我结合一个具体的例子给大家做了示范。当然，这个过程是充满挑战性的，因为它改变了我们平常和下属谈话的思路和方式。大部分管理者在日常管理工作中说得多，这源于自己的裁判心态，而说得多对于辅导下属达不到很好的效果。大家是否还记得在"优化绩效的管理"章节的纠错反馈部分，我提过一个概念叫作"唠里唠叨"式的辅导。在日常培训过程中，我经常会给管理者开一句玩笑，今天你"唠里唠叨"了吗？大家一定能够理解"唠里唠叨"的意思，就是源于裁判心态而不停地说，这样做起到的作用有限。

我再强调一下，采取GROW模型，优秀的辅导者可以给被辅导者在三方面带来巨大的帮助，第一是自我觉察力（awareness），第二是责任感（responsibility），第三是自信（confidence）。这个过程对于辅导者自身的思维层次以及逻辑思考能力的提升也非常有益，所以请大家认真思考并大量练习，在下一次的辅导谈话中运用起来吧！

## GROW扩展了解——教练技术中GROW模型的分析与运用

什么是企业教练?企业教练衍生于体育，是将体育教练的理念、方法、技术应用到企业管理实践而产生的一种全新的企业管理理论、方法、技术和顾问流派。它起源于20世纪中后期的美国，经过20多年的发展，已成为欧美企业家提高生产力的有效管理技术。目前，教练已成为美国顾问业和人力资源开发实践中呼声最高、增长最快的领域。企业教练通过完善心智模式来发挥员工的潜能，提升企业效率。换言之，教练是通过一系列有方向性、策略性的过程，洞悉被教练者的心智模式，向内挖掘潜能，向外发现可能性，令被教练者自我超越、自我突破、有效达到目标。美国《财富》杂志中说："企业教练是当今最新管理方式中的一种，是人力资源中最热门的形式之一，但它不仅仅是人力资源管理。它处于飞速发展阶段，正逐渐延伸至美国的知名企业，如 IBM、AT&T的每个职员身上。"

教练之所以日益受到重视，是因为在教练技术标准流程的基础上，针对被教练对象因地制宜地运用辅导方法和技术。教练关注被教练对象的内心价值取向，结合现实工作和生活，启发被辅导者找到自己愿意为之努力的方法，并支持和鼓励被教练者去实践在教练过程中形成的行动方案。更重要的是，教练是一个分阶段、循序渐进的过程，有了过程的支持、鼓励和责任承担，行为才有可能逐步发生变化。GROW模型是教练技术中常用的有效工具之一。GROW模型用于辅导他人，是围绕设定目标和寻找解决方案的有效工具。其目的是通过教练式领导的帮助和启示，自行负责地找到答案并确定行动方案。

教练关注激励和启发被教练者探索到符合自己的价值观、理念和行动方案，所以"提恰当的问题"这一行为贯彻整个教练过程。以下为GROW模型的一些问题示例，根据《高绩效教练》中给出的深入探讨，结合我们的教练实践，梳理出以下常用的有效问题供大家参考和运用。


共识目标：

（1）从长远看，你要达到什么目标？

（2）你怎么才能知道自己达到目标了？你看到什么、听到什么、感觉到什么，就会知道自己取得了进展？你将会实现什么样的行动或者结果？

（3）对于这个（些）目标，你个人有多大的控制力或影响力？

（4）在达到这个（些）目标的过程中，有什么目标可以作为里程碑？

（5）你想到在什么时候达成这个（些）目标？

（6）这个（些）目标是积极的、有挑战性的、可达到的吗？

（7）你怎么来衡量这个（些）目标？

**明确现状：**

（8）现在的情况怎么样？比如什么事、什么时候、在哪里、有多少、频率如何等。

（9）直接和间接涉及的人有谁？

（10）如果事情发展得不顺利，还会涉及谁？

（11）如果事情发展得不顺利，对你来说会发生什么事情？

（12）到目前为止，你是怎么处理的？结果如何？

（13）这种情况中缺少了什么？

（14）是什么使你裹足不前？

（15）直观地说，到底发生了什么事？

**发展方案：**

（16）要解决这个问题，你有哪些办法？

（17）你还会做哪些事？

（18）如果在这个问题上有更多时间，你会做出什么努力？

（19）如果你只有更少的时间呢？你将会被迫做出什么尝试？

（20）想象一下，如果你比现在更有精力和信心，你会做出什么尝试呢？

（21）如果有人说"钱不是问题"，你会做出什么尝试呢？

（22）如果你拥有所有的资源，你会做什么事情呢？

（23）你应该怎么做呢？

**承诺行动：**

（24）你选择哪个（些）办法？

（25）这可以在多大程度上达到你的目标？如果不能达到，还缺少什么？

（26）你认为成功的标准是什么？

（27）准确地讲，你将会在什么时候开始并结束每项行动或步骤？

（28）什么会阻碍你采取这些措施？

（29）采取这些措施，你个人有什么阻力？

（30）你怎么消除这些外部的和内部的阻碍因素？

（31）谁应该知道你的行动计划？

（32）你需要什么支持？由谁来提供这些支持？

（33）现在考虑一下你的方法，你希望怎么去做？

（34）要完成这些行动，按1~10分来打分，你的承诺是几分？

（35）是什么阻碍你没有打到10分？

（36）你可以做些什么而把分数提高到接近10分？

（37）为了使你前进一步，在接下来的4~5小时内，你可以开展的一个小行动是什么？

（38）去做吧！现在就承诺采取这个行动！

每一个优秀的领导者都应该是一个很好的教练，我们可以在自己的工作和生活中运用这些教练的原则和技术，包括对自己和他人。如果你期待提升自己的教练能力，不妨对自己或下属，针对这四部分和这些问题真正开始一次实践，只有这样才能感受到教练的力量。

# 第三单元
## 绩效辅导与应用

我们已经了解了辅导的定义与价值、流程与技巧。在实际运用辅导的过程中，大家还是会遇到一些挑战，比如不同员工的能力和意愿不尽相同，那么在具体辅导方式上需要有一些转变吗？在辅导的过程中，下属不一定都会顺利地接受，有一些下属为了不继续下去，还会想法设法中断辅导的过程。我在实际的工作中都遇到过这些场景。针对这些问题，这个单元介绍一些具体的方法，帮助大家顺利地完成辅导过程，提升团队绩效。

## 一、不同的能力与意愿之辅导

根据能力和意愿的高低，可以把员工分为以下四种：高能力高意愿、高能力低意愿、低能力高意愿和低能力低意愿（图5-9）。提醒大家，这里的能力高低指的是针对这一项工作任务而言的，而不是通常你对其判断的综合能力高低。即使你认为综合能力很高的人，在具体到某一项新任务的时候，他的能力也可能是低的，因此要采用不同的辅导方式。

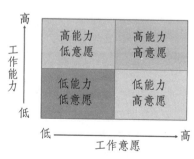

图5-9　不同员工的能力与意愿

低能力高意愿的员工，具有非常高的意愿想把事情做好，但是面对工作任务的专业技能比较差，因此我们要先着眼于帮助员工提升技能和知识，用这样的方法赢得员工对于持续学习与进步的承诺。同时，我们要舍得花时间教员工，因为在这类员工身上花的时间往往是最多的，辅导者要增加和他们一起工作的时间和频率，更多地运用示范型辅导，多给员工示范什么是好的标准，再结合观察型辅导观察其知识与技能是否有所提高。

低能力低意愿的员工，专业能力比较低，也缺乏积极的工作意愿。我们先要让他们意识到自己的现状必须改变，澄清我们对员工的绩效期望，让员工认识到不足的地方，了解他们的意愿问题在哪里以及如何提升工作意愿，再帮助他们制订行动计划，严格要求和跟进。

高能力低意愿的员工，专业能力是有的，但是工作意愿不强。作为辅导者，我们先要解决的可能是他们的心理问题，即更多地去了解员工的内心想法，引导员工宣泄情绪，鼓励员工表达想法，同时鼓励员工自己做决定以树立信心。我们还要与员工分享价值观与深层次的见解，关注他们的感觉和行为，以此赢得信任，并在此基础上鼓励员工改变意愿，从而提升绩效。

高能力高意愿的员工，他们当然是我们最喜欢的员工，我们要帮助他们了解如何在企业中发展得更好，宣扬企业文化及团队文化，让他们理解企业文化及团队文化对其未来发展的重要性。同时，帮助他们发展和维持人际网络，鼓励他们积极、主动地规划自己的职业生涯，使他们与企业的价值观和目标保持一致，继续沿着正确的方向追求进步。

总之，针对不同的员工，我们要用不同的辅导方式。做到这一点的前提是对员工有足够的了解，只有这样才能判断准确，采取正确的方式进行辅导，从而提升团队绩效。

## 二、辅导面谈中常见的挑战

在辅导面谈过程中，辅导者经常会遇到以下五种挑战：①拦截谈话；②引发自责；③自揭伤疤；④正面攻击；⑤转移责任。

回想进行过的辅导谈话是否遇到过这几种挑战？当遇到时，我们应该如何处理？接下来按照这几种情况分别进行介绍。

### 1. 拦截谈话

下属试图中断谈话，例如还未得出解决方案时就表示赞同。你刚一说现状，他就认同你，说：领导是对的，我下次会更努力的，我一定改，等等。

他的目的就是拦截，不想再谈下去。面对这种挑战，建议问自己一个问题：我相信这位下属说的吗？如果我100%相信，他已经认识到了相应的问题，并且确实可以让自己有行为上的改变，那么可以停止谈话。但是，只要有1%的不相信，就要继续，而不要被他拦截。实际上，辅导者经常遇到的场景是80%都不相信对方认识到了问题并且会有所改变，所以一定要继续辅导。

### 2. 引发自责

下属表现出受伤、挫败和情绪低落，让上司产生愧疚感。

"我已经很努力了，但你从来都不满意。"

"你为什么从来不说些好的方面呢？"

"我做得好，从来都不表扬我，这次有一点问题就抓住不放。"

遇到过这些场景吗？被辅导者用这种方式的目的就是要让辅导者自责、思考：我是不是太苛刻了？要继续辅导谈话吗？是不是应该由批评他转换为表扬他？总之，就是想暂停辅导谈话。

### 3. 自揭伤疤

员工主动说一些自我检讨的话，让上司产生怜悯之心。你说他的错误是10%，他主动说自己错了99%。

"我知道我又把事情搞砸了。我很抱歉，最近老是做得不好。对此，我感到很难过。"

"领导，我对不起您的信任，我深刻地认识到了自己的错误。"

其目的就是让你觉得他好惨，从而无法继续辅导谈话。

### 4. 正面攻击

对辅导者的管理或个人发动言语攻击。这种情况发生的概率比较低，但确实会发生。被辅导者会对辅导者这样发动攻击：

"当我们手足无措的时候，你为我们提供过什么帮助吗？"

"前面没事的时候也没见你说什么，现在跑出来挑刺儿！"

这种可能是辅导者的态度过于严苛，又站在裁判心态的角度，这些表现都有可能让下属表现出攻击性。

**5. 转移责任**

这种挑战比较常见。你说是他的问题，他会转向指责其他人或事，如同事、其他部门或政策等，避免承担责任。他会让你找别的部门或者别的人去谈，不要找他。

"你为什么要和我谈？你应该去找市场部的人谈谈，他们总是不按时完成任务。"

"这和我有什么关系？你应该找的是Tony，而不是我。"

大家回想工作中是不是或多或少遇见过这几种情况？在遇到这几种情况的时候，需要大家注意以下几点。

第一，提醒自己要快速识别出这几种场景。当有一些比较典型的语言出现的时候，你要能够识别出来，判断是要拦截谈话还是要引发自责。

第二，为了避免这几种情况的出现，我们要注意保持谈话氛围。比如，是否让整个谈话氛围处在很开放的环境下？因为这种情况的出现大部分时候是因为沟通氛围遭到破坏，下属不想继续谈下去，于是会用这些方法来停止辅导谈话。

第三，要从问题的细节以及行动计划的角度出发，尽可能地问一些关于细节和下一步行动的问题。比如他说："我知道了，下次一定改进。"辅导者可以问他："准备怎么改进呢？"这类细节和行动计划的问题可以帮助我们识别下属是想停止谈话，还是他已经有了具体的行动计划。在做出判断的基础之上，再做下一步考虑是停止谈话还是继续辅导。

总之，要想成功处理面谈中的这些情况，应在保持良好氛围的前提下牢记辅导目标，让被辅导者产生自我觉察力和责任感。同样重要的是日常工作中的信任和个人影响力行为，注意这两点可以避免这些情况的出现，从而帮助我们实现辅导目标。

## 三、不同的表现与潜力之辅导

管理者在日常工作中，会发现团队中有几类员工，有些人在踏实地完成工作目标，勤勤恳恳；有些人看似潜力不错，但是目前工作绩效不好；有些人能力出色，具备很好的发展潜力；还有些人没有发展潜质，也达不成绩效。针对不同的下属，应该如何辅导？

在日常工作中，通过多次辅导，有些员工的工作表现依然没有改善，还是无法达成绩效。管理者要从发展潜力出发进行思考，同时要明白辅导不能解决所有问题。

管理者要考虑员工的岗位胜任力，清楚自己是否用对人。经过努力和帮助，管理者花了很多时间和精力去辅导员工，但是员工依然不能胜任岗位，这种情况确实存在，这就是岗位胜任力的问题。我在实际工作中遇到过这样的情况，由于种种原因将某个员工提升到了管理岗位，但是无论如何辅导，他依然无法胜任岗位要求，把团队带得一团糟，自己也处于崩溃的边缘。这个时候需要坦诚地与员工进行沟通，让员工认识到这是岗位胜任力和能力不匹配的问题。管理者应主动帮助员工寻找适合其能力的岗位，这样，员工即使离开这个岗位也会感谢你，因为是你让他认识到了自己的不足。

除了岗位胜任力的情形，团队里往往还存在以下几种员工类型（图5-10）。

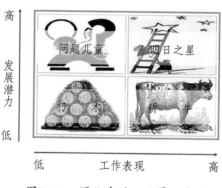

图5-10　团队中的不同员工类型

第一种是"耕牛"：工作表现很好，可能因为年龄、背景、经验、学历等限制，发展潜力确实有限。他们的业绩一直很稳定，能够达成绩效。

第二种是"明日之星"：表现、业绩和潜力都很好，如果内部有机会，可以推荐他有进一步的发展；同时，管理者要培养备份，以便该员工离开岗位时尽量减少对工作的影响；还要确保这类员工的个人需求与组织发展相匹配。因为这类员工对自己的发展往往是有想法的，因此他们的价值观是否与组织相匹配很重要。管理者要能够让他们安心地努力工作，明确他们的发展方向，使他们在提升自身能力的同时给团队带来最大贡献。

第三种是"问题儿童"：这类员工是最麻烦的。他们有发展潜力，但是绩效不佳，又无法改变意愿，往往是内心价值观的问题。这类员工即使再有潜力，对组织也没有价值，通常还比较有杀伤力，会对团队造成比较大的破坏。如果经过努力后仍无法改变，果断让他们离开，千万不要犹豫不决。现实工作中有太多的类似案例，因为管理者的不够果断而造成越来越严重的负面影响。

第四种是"朽木"：这类员工潜力低，工作表现也差，有可能是用错人了，让他们换一个环境工作可能会有比较大的改变。

提醒大家，千万不要忽视"耕牛"，因为他们的存在对于团队是至关重要的。如果都是"明日之星"，管理者会需要很多激励手段，这样会耗费管理者的大量精力，还要不断地补充新人。因此，做好团队平衡是最重要的。

## 四、员工发展的影响因素

这部分内容从更高的层次来了解辅导与员工发展的关系。

员工的发展通常有以下三种影响因素：首先是组织需求，其次是员工的意愿和激情，最后是禀赋和知识技能（图5-11）。员工处在这三部分的交集中是最理想的情况。组织需求是通过辅导无法解决的，因为它是组织层面的问题，有些下属的禀赋和知识技能、意愿和激情已经具备，但是组织需求不在这位员工所在的城市，管理者无法改变岗位的工作地点，在这种情况下，这名员工就无法取得发展。此时，管理者可以在组织需求的前提下，加强对人的关注，通过辅导来助力员工的发展。比如员工在异地工作的例子，管理者可以通过辅导来改变员工的意愿，使员工认识到在发展的过程中，异地工作是一个加速发展的助推器，意愿改变了，相当于三个方面都具备了，这名员工就得到了职业生涯的一次发展。还有一种情况是员工的禀赋和知识技能、意愿和激情都具备，但是目前没有组织需求，管理者可以在组织内部创造需求来帮助员工实现发展。总之，这三个方面缺一不可，而辅导是帮助员工实现禀赋和知识技能以及提升

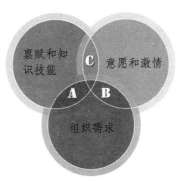

图5-11　员工发展的影响因素

意愿和激情的重要手段。

再从另外一个角度来看员工发展，这个角度一定会给大家带来不一样的启发。

介绍两个关键词，分别是"合格"和"合适"。二者有什么区别吗？"合格"多指一些硬性指标，像一个门槛标准。比如相应的专业任职资格、教育背景、相关经验、优秀的履历以及面试时候的满意度等。其着重点是过去的成就。"合适"多指一些软性指标，比如沟通等软技能、与人相处的能力、工作中的多技能性、岗位需求的匹配度、文化及价值观的相容性、组织内评价等。其着重点是未来的表现。

我们在招聘的时候，可以按照"合格"与"合适"分为四个象限，如图5-12所示。

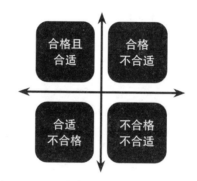

图5-12　招聘中的"合格"与"合适"

大家觉得哪一类是理想的人选呢？

是不是都会选择第一象限"合格且合适"？这类人看起来绝对是理想人选。现状是这样吗？回想我们身边的人，是否会发现这样一种现象，既合格又合适的人往往存在稳定性问题，因为这类人还没有来得及施展拳脚，新的挑战就在呼唤他们，而人们往往会趋向于迎接新的挑战。在既合格又合适的岗位上，他们为下一个更高的岗位积攒能量。

哪一类人会带给我们惊喜呢？"合适不合格"的这类员工可能从工作经历和学历上来讲不算是"合格的"，但他们努力上进，一旦公司给了机会，他们会加倍珍惜。在得到这个宝贵的机会后，他们会用实际行动加强自己的技能，在工作中找到差距，然后制订学习计划，不断提升和完善自己。他们还始终保持向他人学习的态度，与团队中其他成员的相处也非常融洽。当他们对新的工作岗位逐渐熟悉之后，原有的优势得以发挥，团队成员对他们的认可度也越来越高。

第二象限"合格不合适"的人往往是最麻烦的。这一类"精英"的履历往往非常漂亮，而且在面试的时候侃侃而谈，表现出色。这个时候，无论是人力资源经理还是业务经理几乎都会被打动，觉得终于找到了优秀的人才。但是，后面的一系列发展似乎完全超出了大家的想象。自以为优秀的这一类"精英"会执着于自己的方式、方法和过去的成功经验而一意孤行，不顾及团队其他成员的感受。再加上自己的各方面软技能与沟通合作不是太好，导致团队配合出现很大问题，最后影响整个团队完成目标。这样"合格的人"往往意识不到自己的"不合适"，也几乎没有改变自己的想法。他们会归咎于现有的团队没有给予发挥的空间，或者觉得其他人的能力不行。局面如此僵持下去，使得团队其他成员怨声载道，老板骑虎难下。最终，要么是他们找到了心仪的下家，要么是老板不得不让他们离开。

最后一类"不合格不合适"的人，就不要让其出现在团队里了。万一有的话，这一类人带来的麻烦是相对小的。

大家可以结合自己及自己的团队思考：我在哪个象限？我的每一位下属在哪个象限？

无论是辅导自我还是辅导他人，清晰的自我觉察都能给我们带来帮助。即使在"合格且合适"这个象限，也会分以下两种情况：第一，发展潜力注定能力可以再次提升，到达下一个"合适不合格"的阶段；第二，发展潜力注定了这已经是到达的最高高度，因此在这个象限稳定地工作下去，会成为前面所提到的"耕牛"。

归根结底，我认为运用辅导的方式让自己或者他人明确自我认知，产生最清晰的自我觉察是辅导的最高境界。

最后用老子在《道德经》里的一句话作为本章的结语。

"知人者智，自知者明。"

要想成为智者，就要运用辅导的思路去对待自己的下属，通过提问的方式去了解他、帮助他，让他通过自我觉察力和责任感去提升各方面能力，给团队绩效带来贡献。希望我们成为一个有高度的智者，成为一个教练式的管理者。

# 后 记

　　成为一名管理者是一件很有挑战的事情。在现代化的企业中，员工素质越来越高，个人意识也越来越强，而管理者要想依靠职位影响力留住有能力、能创造高绩效的员工将越来越难。以人为本的管理对现在的管理者越发重要，我们要尊重员工、了解员工、关心员工，在此基础之上激发员工的工作热情，让他们愉悦地发挥自己的潜能，创造个人以及团队的高绩效。

　　我在美国管理协会（AMA）每年交付的管理系列课程都在80~100天，在每次课程中会和处在不同阶段的管理者进行热烈的讨论。我的感受主要有以下两点。

　　（1）对于目前以"95"后和"00"后为主的新新人类，几乎所有的管理者意识到以往的管理方式难以适用。

　　（2）大家或多或少都有一些自己的管理经验和体会，但是缺乏系统的知识、工具和方法论来帮助管理者总结和提高。

　　基于以上两点，我产生了编写本书的想法。结合我的管理经验和系统知识，用通俗易懂的语言和实际案例，让大家理解和掌握五大模块的具体方法，帮助大家把自己脑海里的"隐性知识"转化为"显性知识"。隐性知识的缺点是无法有效重复，比如大家感觉金钱不是唯一能够激励员工的因素，好像还有其他因素。显性知识的特点是清晰明确，最大的优点是可以重复，如赫兹伯格双因素理论，利用这个理论可以指导我们如何区分不同激励因素，并因人而异地运用，这也是我在每次培训中都强调的一点。从这些知识出发，帮助大家做到"以人为本"的个性化管理，也是本书贯穿始终的思想。

　　还有一点和大家分享，关于卓越管理者底层逻辑的思考，在线下课程中会经常讨论这方面的问题，分享一些心得给大家，希望能对大家有所启发。

　　我认为最底层逻辑一定是思维方式。英国作家查尔斯·里德（Charles Reade）有这样一句格言：

Sow a thought, and you reap an act;

sow an act, and you reap a habit;

sow a habit, and you reap a character;

sow a character, and you reap a destiny.

想法决定行为，行为决定习惯，习惯决定性格，性格决定命运。

再与大家分享一个心得，莎士比亚也说过："世事本无两样，皆因思想使然。"如何改变想法？格局的提升是改变想法的基础。希望大家提升格局，改变想法。

步入社会后，我们会发现基本上没有单因单果的事情，所面临的问题几乎全部是复杂的，也就是多因一果，由多个因素决定一个结果。

我的收入为什么提升太慢？

我自认为能力挺不错的，为什么升职的不是我？

领导或者客户为什么对我不满意？

我要交付的这个工作成果的优秀标准是什么？

……

因此，我们要养成一种思维方式，就是尽可能多地分析出决定一件事情的所有相关因素。考虑相关因素的全面性程度，决定着一个人的思维高度。

举个得不到升职的例子，思维简单的人会这样认为：因为我的领导根本看不到我的闪光点，我才得不到升职。由这个想法引发的行为：要么是换工作、换领导，要么是先混着把领导熬走，等一个赏识自己的领导出现。结果一等十几年，最后孤芳自赏，感慨为什么没有伯乐来发现我这匹"千里马"。这其实就是思维层次低的想法。要想提升格局和思维层次，就要把尽可能多的相关因素找出来。除了领导这个因素，还有哪些因素决定着升职？专业能力？性格？会不会照顾别人的感受？尊重身边的同事和领导吗？遇到事情或者问题的时候能勇于担当吗？行业发展前景如何？目前处在什么阶段？当你考虑到更多的相

后记

关因素，并且能够对不同的因素进行一次权重设定，比如在现阶段哪些因素的权重更高？哪些因素的权重很低而可以暂时忽略？坚持这样的思考方式，会逐渐提升思维层次和格局，思路和策略自然会更加清晰，接下来的行动方向也会更明确，距离目标将越来越近。

最后，希望大家通过阅读本书，能够把自己的隐性知识显性化，再通过不断思考，进一步提升格局和思维高度，成为管理的高手，祝大家成功！

王法

2023年春 于上海